임진왜란 1592

| 동아시아 질서를 뒤바꾼 삼국 전쟁의 시작 |

임진왜란
1592

KBS 〈임진왜란 1592〉 제작팀 지음

양선비 글

웅진 지식하우스

임진왜란이 동아시아에 미친 영향은 아직도 유효하다.

—제임스 B. 루이스, 『동아시아 전쟁(The East Asian War 1592–1598)』

이 책의 원작인 KBS 팩추얼 드라마 〈임진왜란 1592〉가 아직 구상 단계였을 때 제작진분들이 저를 찾아오셨습니다. 제작진은 한국에서만 통용되는 데에 그치지 않는, 국제적 관점에서도 폭넓게 이해될 수 있는 임진왜란 프로그램을 만들겠다는 강한 의지를 보이셨지요. 저 또한 동일한 문제의식을 지니고 있던 터라, 미력하나마 프로그램의 콘셉트와 몇몇 구체적인 자문을 드렸습니다.

여러 과정을 거쳐 탄생한 〈임진왜란 1592〉는 방영 이후 객관성에 힘입어 세계 여러 나라에서 높은 평가를 받았습니다. 이제 그 프로그램이 『임진왜란 1592』라는 책의 형태로 새롭게 거듭나며 다시 한 번 한국 사회에 질문을 던집니다.

이 책이 거센 민족주의의 바람에 경색된 지금의 동북아시아 정세를 풀어나갈 실마리를 건네고 퇴보한 국제 관계와 각국 시민들 간의 교류를 부흥시킬 계기를 만들어낼 것이라고 믿어 의심치 않습니다.

임진왜란을 다룬 이전의 어떤 책과도 다르다고 감히 자부합니다.

— **김시덕**(『동아시아, 해양과 대륙이 맞서다』 저자·문헌학자)

다시 임진왜란의 시간이다. 아픈 과거도, 통쾌한 과거도 모두 우리의 역사이다. 그 역사에서 배우지 못한다면 미련한 실패의 반복만 있을 뿐이다. 그리고 패배의 역사와 승리의 역사가 모두 기록된 이 책 『임진왜란 1592』가 그 실패의 반복을 허락지 않을 것이다.

—**최태성**(『역사의 쓸모』 저자·역사 강사)

내가 쓰고 싶었던 책을 도둑맞은 기분이다! 자신 있게 추천하는 임진왜란 교양서.

한 권의 책으로 임진왜란 7년사를 다룬다는 것은 쉽지 않은 일이다. 『임진왜란 1592』는 임진왜란과 정유재란, 전후 상황에 이르기까지 전쟁의 주요 역사적 맥락을 제대로 짚을 뿐 아니라 전쟁에 휩쓸린 사람들의 생생한 일화까지 한 권에 담아낸다. 전쟁이란 어떤 것인지 다시 한 번 생각해보게 하는 책이다.

—**황현필**(『이순신의 바다』 저자)

지금 우리가 임진왜란을
다시 읽어야 하는 이유

KBS 팩추얼 드라마 〈임진왜란 1592〉에서 가장 눈에 띄는 점은 임진왜란을 일으켰던 도요토미 히데요시豊臣秀吉의 이야기를 독립된 한 편의 작품으로 기획했다는 것입니다. 임진왜란을 다룬 기존의 방송 콘텐츠에서 도요토미 히데요시는 조선을 침략한 적의 수장이라는 조연으로 그려졌지요. 그러나 〈임진왜란 1592〉는 도요토미 히데요시를 임진왜란이라는 전쟁의 또 다른 주연으로 조명하며 그가 왜, 어떤 목적으로 전쟁을 일으켰는지를 면밀히 살펴봅니다.

한 인물에 대한 관점만 달리 했을 뿐인데 임진왜란은 이전과 새로운 이야기들을 저에게, 그리고 시청자들에게 들려주었습니다. 방송 이후에 "이제껏 도요토미 히데요시는 나쁜 사람이겠거니 하는 정도였는데 〈임진왜란 1592〉를 보고 나니 구체적으로 나쁜 사람이라는 걸 알았습니다" 같은 재미있는 댓글이 달린 이유도 이러한 기획 덕분이었지요.

연출가로서 저는 '새로움'이라는 개념을 크게 세 가지로 구분합니다. "새로운 팩트", "새로운 해석", "새로운 관점"입니다. 약 400년 전에 일어난 임진왜란을 지금 다시 다루려면 분명 새로움이 필요했고, 하나의 방편으로 이 전쟁에 새로운 관점을 부여해보기로 했습니다. 〈임진왜란 1592〉의 '침략자의 탄생, 도요토미 히데요시' 편에서 드러나듯, 침략당한 우리의 관점만이 아닌 침략자의 관점에서 임진왜란을 새롭게 보는 것 말입니다.

그리고 이러한 시도가 가능한 이유는 임진왜란이라는 전쟁이 조선과 일본에 국한한 양자전이 아니었다는 데에 있습니다. 임진왜란은 조선과 일본, 명나라 세 나라의 정규군이 맞붙은 동아시아 최초의 국제전이었습니다. 필연적으로 이 전쟁을 둘러싼 세 나라의 시선은 조금씩 다를 수밖에 없었죠. 〈임진왜란 1592〉는 서로 다른 삼국의 시선을 따라가며 임진왜란이라는 전쟁에서 우리가 몰랐던 새로움을 찾고자 했습니다. 그리고 이는 곧 지금 우리가 임진왜란을 읽어야 하는 이유와도 맞닿아 있다고 생각합니다.

그렇다면 우리는 왜 임진왜란을 알고 이해해야 할까요?

첫째, 한반도의 지정학적 중요성은 예나 지금이나 유효하기 때문입니다. 지난 역사를 통틀어볼 때 우리나라는 한반도를 둘러싼 국제 질서의 패권이 바뀔 때마다 몸살을 앓아왔습니다. 그 몸살은 다름 아닌 전쟁이었죠.

예컨대, 10세기 말~11세기 초 동북아시아 대륙의 주인이 송나라에서 거란으로 바뀔 때 고려는 끊임없이 큰 전쟁을 겪어야만 했습니다. 강감찬의 귀주 대첩이 아니었다면 그때 고려는 역사에서 사라졌을지도 모릅니다. 1592년에 일어난 임진왜란 또한 새롭게 팽창하는 해양 세력과 기존의 대륙 세력이 동아시아의 패권을 걸고 싸운 전쟁이었습니다.

지금 이 순간 지구 저편의 우크라이나에서 전쟁이 한창인 것을 보며 우리 모두가 새삼 깨닫고 있습니다. 전쟁은 언제 어느 때라도 또다시 찾아올 수 있는 고질적인 위협이라는 사실을 말이죠. 한반도를 둘러싼 불안한 기류가 지속되고 있는 가운데, 임진왜란의 역사는 우리에게 어떻게 하면 전쟁이라는 최악의 상황을 피하고 실리를 취할 수 있는지에 관해 성공과 실패의 교훈을 건네줍니다.

둘째, 임진왜란의 '상처뿐인 승리'를 반복하지 않으려면 그 원인을 정확히 짚고 넘어가야 합니다.

조선은 결과적으로 임진왜란에서 승리했지만 국력에 큰 타격을 입었다는 점에서 '상처뿐인 승리'에 가까웠습니다. 똑같은 실수를 저지르지 않기 위해서는 왜 이런 전쟁이 일어났는지를 알고 대비해야 합니다. 그러나 여전히 우리는 임진왜란을 말 그대로 '임진년에 왜가 일으킨 난' 정도로 기억하고 있지요.

임진왜란은 어떤 면에서 15~17세기 대항해 시대의 산물이기도 합니다. 당시 기축통화처럼 통용된 은銀을 서로 차지하기 위해 포르투갈, 스페인 같은 해양 세력들이 전 세계를 누비던 그때, 일본의 이와미石見 광산은 세계 1위의 은광이었습니다. 포르투갈은 바다 너머 '은의 땅' 일본을 찾아왔고 은을 받는 대가로 최신 무기인 조총을 일본에 건넵니다. 이후 포르투갈에 조총을 수출할 정도로 일본의 조총 제조 기술은 급속도로 발달하게 되지요.

도요토미 히데요시는 넘쳐나는 은과 신무기를 바탕으로 대륙 진출을 시도합니다. 그의 목표는 조선을 넘어서 명나라, 인도까지 손에 넣는 것이었습니다. 임진왜란을 앞두고 도요토미 히데요시는 이에 부합할 만큼 대규모의 병력과 무기를 갖추었다는 것이 훗날 역사가들의 평가입니다. 한마디로, 임진왜란은 조선과 일본, 명나라 삼국의 정규군이 맞붙은 동아시아 최초의 국제전인 동시에 대항해시대에 대륙 진출을 꾀한 해양 세력의 팽창에서 비롯된 전쟁이었습니다.

셋째, 임진왜란을 통해 우리는 거대한 위기 앞에서도 굴하지 않고 힘을 합쳐 국난을 이겨낸 선조들의 분투를 배울 수 있습니다. 임진왜란 발발 직후, 대군을 앞세운 일본군 선봉장 고니시 유키나가小西行長는 부산 동래성에 이르렀을 때 이런 말을 듣게 됩니다. "싸워 죽기는 쉬워도 길을 내주기는 어렵다戰死易 假道難." 일본군과의 결사 항전 의지를 밝힌 동래부사 송상현宋象賢의 선언이었습니다. 그렇게 시작된 동래성 전투(1592.04)에서 송상현과 조선군은 엄청난 전력 차이에도 불구하고 일본군과 치열한 싸움을 벌였고, 성 안의 여인들도 동헌 지붕의 기와를 뜯어 던지면서까지 힘을 합쳤습니다.

이렇듯 임진왜란의 역사에는 이순신李舜臣, 곽재우郭再祐, 김시민金時敏 등 조선의 여러 명장들이 국난을 극복하기 위해 짜낸 지혜와 진심 어린 노력들이 오롯이 새겨져 있습니다. 그리고 명장들과 함께한 수많은 사람들의 흔적도 찾아볼 수 있지요. 〈임진왜란 1592〉의 '조선의 바다에는 그가 있었다'

편에서 밝혔듯, 이순신 장군은 자신과 함께한 병사들, 심지어 노비들의 이름과 공적까지 전부 기록하고 역사에 남겨놓았습니다.

저는 이 책을 통해 우리가 다시금 새기길 기원합니다. 임진년 그때, 조선에는 "그들이" 있었다는 것을 말입니다. 그리고 지금은 그들의 이야기에 담긴 국난 극복의 지혜와 의기를 배워야 할 때라는 것을 말입니다.

KBS 〈임진왜란 1592〉 공동 연출 및 극본

김한솔 PD

차례

4부	정유재란과 종전

1부

전쟁의 불씨

1368년
명 주원장, 명나라를 건국하다.

1392년
조선 이성계, 조선을 건국하다.
일본 무로마치 막부, 남북조 시대를 통일하다.

1396년 12월
조선 태조, 쓰시마섬 정벌을 명하다(1차 쓰시마섬 정벌).

1401년
명-일본 명나라 건문제, 무로마치 막부 쇼군 아시카가 요시미쓰를
일본 국왕으로 책봉하고 일본과 통교하다.

1404년
명-일본 명나라와 일본의 감합 무역이 시작되다.

1405년
명 영락제, 해외 원정을 시작하다(정화의 원정).

1419년 5월
조선 세종, 쓰시마섬 정벌을 명하다(2차 쓰시마섬 정벌).

1590년
일본 도요토미 히데요시가 전국을 통일하다.
조선 선조, 일본에 통신사를 파견하다(정사: 황윤길 / 부사: 김성일).

1591년 2월
조선 이순신이 전라좌수사로 임명되다.

1591년 3월
조선 일본에 파견된 통신사가 귀환하다.

1592년
명 영하 지역에서 몽골 무장 보바이가 반란을 일으키다.

여기, 하나의 전쟁이지만
세 가지 이름으로 불리는 전쟁이 있다.

임진왜란壬辰倭亂

분로쿠-게이초의 역文祿慶長の役 *

만력 조선 전쟁萬曆朝鮮戰爭

---

* 분로쿠文祿 및 게이초慶長 시대에 일어난 전쟁이라는 뜻이다. 분로쿠는 1592~1596년.
게이초는 1596~1615년에 일본 천황이 사용한 연호이다.

한국과 일본, 중국에서
각기 다른 이름으로 기억되는 이 전쟁은
1592년부터 1598년까지 7년간 지속되며
조선과 일본, 명나라 세 나라에게
잊을 수 없는 흔적을 남겼고
동아시아 질서를 뒤바꿔놓았다.

동아시아 삼국이 맞붙은 최초의 국제전,
그 전쟁 전야에는 무슨 일이 있었던 걸까?

1591년 3월, 조선 조정에 하나의 문건이 도착한다.
100여 년간의 전국시대를 끝내고 일본을 통일한
도요토미 히데요시의 서신이었다.

조선 국왕 각하에게

나는 비록 보잘것없는 일개 신하였지만

일찍이 어머니가 나를 잉태할 때 태양을 품는 꿈을 꾸었고

기이한 징조 덕분인지 나에게 적개심을 가진 자는

저절로 기세가 꺾여 멸망하는지라

나는 싸우면 반드시 이기고 빼앗았다.

한번에 뛰어서 곧바로 대명국大明國에 들어가려고 하니

내가 명에 들어가는 날 사졸들을 거느리고 군영에 나오라.

늦게 복속해온다면 용서하지 않을 것이다.

나의 소망은 다른 것이 없고

오직 내 아름다운 이름을 삼국에 남기는 데에 있다.

                              —일본국 관백 도요토미 히데요시

조선 조정은 그야말로 발칵 뒤집혔다.
조선의 임금을 협박하며
침략의 야심을 드러낸 것도 문제였지만
침략의 궁극적인 목표가 명나라라는 점이
조선을 가장 곤혹스럽게 했다.

14~16세기 동아시아 패권국이자
유교와 중화 문명의 중심국, 명.
명나라 중심의 질서 안에서
1등 제후국으로 자리 잡은 유교의 나라 조선.

감히 작은 섬나라의 왜인 따위가
명이라는 큰 나라를 넘본다는 것은
유교 이념에 충실한 조선의 선비들에게
상상조차 힘든 일이었다.

그러나 그 시각 일본에서는
도요토미 히데요시의 야심이
전쟁이라는 형태로 구체화되고 있었다.

도요토미 히데요시: 잘 봐라. 이 부채 안에 모든 것이 다 들어 있다.

배를 타면 규슈에서 쓰시마섬까지 이틀,

쓰시마섬에서 조선의 부산까지 하루.

일본 본토에서 조선까지 딱 사흘이다.

규슈와 쓰시마, 조선은

명나라로 가는 징검다리인 셈이지.

땅! 이 세상에 가장 넓은 땅, 명나라로 가자!
너희는 일본의 영주가 아니라
명나라의 영주가 될 것이다.
자! 욕심이 나는 영지를 골라봐!

"총 동원 병력 15만 8700명, 예비 병력 8만 8800명.
유슈, 시코쿠, 류코쿠 지역의 영주들을 중심으로
총9개 군단이 편성되었으며, 명나라 정벌을 위한
전초기지인 히젠나고야성 건설이 완료되었습니다.
각 지방 영주들이 병사를 이끌고 속속 집결하고 있습니다."

명나라 조정은 여러 경로를 통해
일본의 침략 징후를 탐지했지만
큰 위협으로 받아들이지 않았다.

"일본이 명나라를 친다? 이런 정보에 경거망동했다가는
 망신을 당할 수도 있습니다."
"섬나라 놈들의 해적질이 어제오늘의 일입니까?"
"전쟁이라는 것이 그리 쉽습니까?
 하물며 작은 나라가 큰 나라를 치는 것이 말이오."

조선, 일본, 명나라 세 나라의 동상이몽 속에서 전쟁의
불씨는 거세게 타오르고 있었다.

그리고 희망의 불씨도 함께 피어오르고 있었다.
임진왜란을 1여 년 앞둔 1591년 2월,
이순신이 전라좌수사로 부임한다.
그리고 귀선龜船이 완성되니,
임진왜란이 일어나기 하루 전의 일이었다.

OI

전쟁 발발 1년 전,
조선 통신사의 상반된 보고

1591년 1월, 일본으로 파견되었던 통신사 일행이 약 1년 만에 조선으로 돌아왔다. 그리고 3월, 통신사를 이끈 세 명의 책임자가 임금인 선조 앞에 섰다. 정사正使 황윤길黃允吉과 부사副使 김성일金誠一, 서장관書狀官 허성許筬이다. 전쟁이 일어날 것인가, 일어나지 않을 것인가. 일본과 약 100년간의 외교 공백이 생긴 조선의 입장에서는 이들의 의견과 판단이 어느 때보다도 중요했다. 그런데 통신사의 책임자인 정사와 부책임자인 부사의 답변이 극적으로 갈렸다. 황윤길은 임금을 알현하기 전에 미리 보고했던 내용대로 전쟁이 곧 일어날 것임을 주장한 반면, 김성일은 전쟁의 가능성을 일축한 것이다.

황윤길: 일본이 많은 병선을 준비하고 있는 것을 보아 왜적은 반드시 침입할 것입니다. 대비책을 마련해야 합니다.

김성일: 침입의 조짐을 발견하지 못했을 뿐 아니라, 정사께서 장황하게 아뢰어 민심을 동요시키니 적절치 않습니다.

두 사람의 상반된 견해는 도요토미 히데요시豊臣秀吉의 용모를 묻는 임금의 질문에서도 그대로 이어졌다. 용모와 언행을 보고 그 사람의 인격과 성품을 가늠했던 시대였다. 한마디로 선조의 질문은 일본 최고의 권력자에 관한 두 사람의 종합적인 평가를 묻는 것이었다.

선조: 도요토미 히데요시는 어떻게 생겼는가?

황윤길: 눈빛이 반짝반짝하니 담력과 지략을 겸비한 사람으로 보였습니다.

김성일: 그렇지 않습니다. 그 눈은 쥐와 같아 두려워할 만한 위인이 못 됩니다.

도요토미 히데요시에 대한 평가를 비롯해 일본의 실태와 병력, 전쟁 가능성에 이르기까지, 황윤길과 김성일의 극명한 견해 차이는 그들의 당파에서 비롯된 것이기도 했다.

16세기의 조선은 붕당朋黨 정치가 한창이던 시절이었다. 훈구 세력을 몰아내고 권력을 장악한 사림은 정파와 학파에 따라 붕당을 이루고 정권을 차지하기 위한 경쟁에 돌입했다. 선조 재위 초기에는 동인東人과 서인西人이 그 주축을 이루고 있었다. 그리고 황윤길은 서인, 김성일은 동인으로 지목되고 있었다. 황윤길과 김성일의 상반된 보고를 접한 조정의 신하들은 동인과 서인으로 갈라져 자기 당파의 인물을 비호하기 시작했다. 선조의 선택은 김성일의 판단이었다.

이날의 결정은 치명적인 오판으로 남았다. 때는 임진왜란 발발 1년 전, 그야말로 전쟁이 코앞으로 다가온 시점이었다. 당파를 이유로 서로를 헐뜯기 바빴던 조정의 신료들이나 전쟁 가능성에 대해 안이한 판단을 내린 선조 모두 비판의 대상에서 벗어나기 어려울 것이다. 다만, 몇몇 정황을 살펴볼 때 이들이 전쟁은 일어나지 않을 것이라고 믿게 된 데에는 당쟁 말고도 여러 가지 사정들이 있었다.

그중 하나로 혼란스러웠던 정국 상황을 들 수 있다. 1589년 정여립의 모반 사건을 계기로 조선에서는 3여 년에 걸쳐 대대적인 옥사(기축옥사)가 일어나고 있었다. 김성일이 황윤길의 의견에 반대한 이유도 당파가 달라서만은 아니었는데, 당시 상황에서 한낱 루머에 불과할지도 모를 전쟁 우려가 당쟁으로 얼룩진 정국을 지나치게 과열시킬까 염려했던 것이다. 훗날 류성룡柳成龍과의 대화에서 김성일이 왜적의 침입보다 조선 내부의 혼란을 더 큰 문제로 인식했던 것이 이를 잘 보여준다.

> 류성룡: 전쟁이 일어나기라도 하면 어쩌려고 황윤길의 말을 그렇게도 반박하는 것이오?
>
> 김성일: 왜적이 쳐들어오지 않을 거라고 어찌 단언할 수 있겠습니까. 다만, (황윤길과 허성이) 당장이라도 전쟁이 일어날 것처럼 말하니 민심이 요동치고 온 나라가 혼란에 휩싸이는 상황은 막아야 해서 그런 것입니다.

게다가 일본의 침략을 확신할 만한 근거도 부족했다. 통신사 파견 이전에 조선 조정은 몇몇의 전쟁 징후를 포착했지만 구체적인 수치나 정황 증거가 뒷받침된 첩보까지는 아니었다. 조선은 일본 내 정세와 소식을 거의 쓰시마섬 도주島主를 통해서만 접하고 있었다. 그러나 쓰시마섬 도주는 이미 도요토미 히데요시에게 포섭된 상태였고 조선 조정에 정확한 정보를 전달하지 않았다. 통신사로 일본에 다녀온 황윤길이 일본의 군사 훈련과 병선 확충에 관해 보고했을 때 조선 조정은 이것이 대대적인 침략 전쟁을 위한 것인지, 100여 년 간 내란을 겪은 일본의 일상 풍경에 불과한지를 판단하기 어려운 지점이 있었다.

일본의 군사력에 대한 저평가 또한 전쟁이 일어나지 않을 것이라는 낙관에 일조했다. 임진왜란 3년 전, 선조는 왜구 격퇴에 많은 공을 세운 장수 변협邊協을 불러 일본의 침입 가능성을 물은 적이 있다. 변협의 대답은 당시 조선이 일본의 군사력을 얼마나 낮게 평가했는지를 잘 보여준다.

선조: 일본에서 수만 명이 쳐들어올 기세가 보이지 않던가?

변협: 왜선倭船은 그리 크지 않아 중국 배에 미치지 못하므로 한 척에 100명 정도 실을 수 있습니다. 100척이면 1만 명이니, 바다를 건너 쳐들어온다 해도 병력 규모가 1만 명을 넘지는 못할 것입니다.

물론 변협의 예상은 완전히 빗나갔다. 임진왜란이 시작된 1592년 4월 13일, 부산 앞바다에 등장한 일본군의 병선만 700여 척이었으며, 임진왜란에 동원된 일본군의 규모는 총 20만 명에 이르렀다.

전쟁 가능성을 둘러싼 논쟁은 낙관에 기초한 방관 아래 일단락되었지만, 그렇다고 조선 조정이 손 놓고 있던 것은 아니었다. 조선은 통신사 파견 이전부터 변방의 실태를 끊임없이 살피며 개선책을 강구해왔는데, 1583년 율곡 이이李珥가 십만양병설을 주장하자 선조가 직접 나서서 공론화를 주도한 일도 있었다. 조선 조정은 지방의 성곽을 점검하고 전술에 능한 장수들도 발탁했다. 이순신李舜臣이 전라좌수사로 임명된 것 또한 임진왜란을 1여 년 앞둔 1591년 2월의 일이었다.

그럼에도 불구하고 조선의 대응은 결과적으로 큰 방향에서 어긋나고 있었다. 대표적인 예가 조총에 대한 대응이다. 조총은 임진왜란 이전에 두 차례나 조선에 진상되었지만 정작 조선에서는 조총의 위력과 전술에 관한 분석이 거의 이뤄지지 않았다. 또한 조선이 취한 조치들은 일본의 전쟁 위협에 적극적으로 대응하는 것보다는 기존의 방어 체계를 유지·보수하는 수준에 그쳤다. 조선은 전쟁에 대비해 주로 평지에 한해 성곽을 보수하거나 축조했는데, 오랜 공성攻城 경험을 지닌 일본군을 막기에 이는 적합하지 않았다.

전시 방어 체제의 문제도 있었다. 16세기에 이르러 조선의 전시 방어 체제는 거점 수비 중심의 진관鎭管 체제에서 각

지의 군사력을 총동원해 대응하는 제승방략制勝方略 체제로
전환된다. 모든 것이 맞아떨어졌다면 제승방략 체제를 통해
적을 방비할 수도 있었겠지만 병사들의 전투 경험 부족과 병
역 기피 문제 등으로 효과를 발휘하지 못했다. 이는 임진왜
란 초반에 조선군이 연이어 패배하는 결정적 원인의 하나가
되고 말았다.

111년 만의 통신사,
조선과 일본의 동상이몽

通信使

1590년, 일본의 거듭된 요청으로 조선 조정은 황윤길을 정사, 김성 일을 부사, 허성을 서장관으로 삼아 일본에 통신사를 보냈다. 무려 111년 만에 일본에 파견된 공식 사절단이었다. 일본의 동태가 심상 치 않은 데다가 상호 간 교류의 공백이 상당했던 만큼 조선 조정은 신중을 기해 사절단을 꾸렸다. 황윤길과 김성일 모두 문장으로 이 름난 인물들이었고 명나라에 사신으로 다녀온 경험도 있었는데, 그 중에서도 황윤길은 병조참판을 역임했을 만큼 군사 업무에 밝았다. 세심한 인선을 통해 조선은 일본에 자국의 문물을 과시하면서도 군 사와 외교 차원의 실리까지 취하고자 했던 것이다.

그러나 조선의 의도가 무색하게, 도요토미 히데요시는 조선의 통신사 파견을 일본에 대한 조공朝貢의 의미로 받아들이고 있었다.

통신사를 둘러싼 조선과 일본의 엄청난 인식 차이는 두 나라를 오가던 쓰시마섬 도주가 벌인 일종의 사기극에서 비롯된 것이었다.

지리상 가깝다는 이유로 쓰시마섬 도주는 줄곧 조선과 일본의 외교 중개자 역할을 맡아왔다. 조선의 관직까지 제수받을 정도로 조선과 긴밀한 관계를 유지했고, 일본에서도 조선과의 교섭 창구로서 확고한 지위를 구축하고 있었다. 그러나 도요토미 히데요시가 전국을 통일하고 일본의 최고 권력자가 되면서 상황은 달라지기 시작했다. 도요토미 히데요시는 침략 전쟁을 준비하는 과정에서 당시 쓰시마섬 도주였던 소 요시토시宗義智를 향해 조선 국왕이 자신에게 조공하게 만들 것을 독촉했다. 도요토미 히데요시는 조선을 자신이 세울 일본 중심의 새로운 질서에 복속시킬 제후국으로 바라봤던 것이다.

오랜 기간 조선과 일본의 외교를 중개하며 양국의 상황에 밝았던 쓰시마섬 도주가 도요토미 히데요시의 명령이 실현하기 어려운 요구임을 몰랐을 리 없다. 게다가 명나라를 버리고 일본에 복속하라는 도요토미 히데요시의 요구를 조선에 전달하는 순간, 이제껏 쓰시마섬이 양국 사이에서 누려온 중계무역의 이점은 곧바로 사라질 것이 분명했다. 결국 외통수에 걸린 소 요시토시는 조선과 일본 모두를 속이며 조선의 통신사 파견을 이끌어냈다. 조선의 선조에게는 화친과 문물 교류를 위해 공식 사절단을 보내는 것으로, 도요토미 히데요시에게는 조선 국왕이 굴복하여 조공 사신을 보내는 것으로 꾸며 말한 것이다.

사기극의 결과로 성사된 통신사의 일본 방문은 당연하게도 순조롭게 흘러가지 않았다. 도요토미 히데요시는 마치 황제처럼 조선의 사신들을 하대하고 무례한 언행을 일삼았으며, 사절단을 향한 위협적인 움직임도 계속 이어졌다. 이러한 사정을 알지 못했던 조선의 사절단은 일본에 머무는 내내 불편한 심경을 감추지 못했다. 특히 대쪽 같은 성정의 유학자였던 김성일에게는 일본이 미개한 오랑캐에 불과하다는 기존의 인식을 더욱 강화해나가는 계기가 되었다.

쓰시마섬 도주의 농간이 있었음에도 조선의 사신들은 일본의 이상 징후를 금세 감지했다. 황윤길은 전쟁이 임박했음을 선조에게 보고하며 대비책 마련을 촉구했다. 선조 앞에서 전쟁 가능성을 일축했던 김성일도 류성룡에게는 "민심의 동요를 우려한 것"이라고 털어놓으며 사실상 도요토미 히데요시의 야심을 눈치챘음을 인정했다. 조선 바깥에서도 일본의 심상치 않은 동태를 눈여겨보는 이들이 생겨나고 있었다. 이미 유구琉球(오키나와) 등지에서 일본의 명나라 공략 계획과 조선과의 전쟁 가능성에 관한 보고가 명나라 조정에 전해지고 있던 것이다.

02
선비의 나라 조선,
딜레마에 빠지다

　　　　　　　황윤길과 김성일의 엇갈린 보고 이후 조선 조정에서 전쟁의 발발 여부를 두고 치열한 논쟁을 벌이던 것도 잠시, 전령을 통해 도요토미 히데요시의 답서가 도착했다. 그리고 답서의 내용은 조선 조정에 또 다른 파장을 불러오게 된다.

일본국 관백關白이 조선 국왕에게 보냅니다.

우리 일본의 60여 주는 근래에 분리되어 있었는데 내가 3~4년 사이에 역모 세력들을 토벌하여 먼 섬들까지 모두 장악했습니다.

나는 보잘것없는 일개 신하였지만 일찍이 어머니가 나를 잉태할 때 태양을 품는 꿈을 꾸었고 기이한 징조 덕분인지 나에게 적개심을 가진 자는 저절로 기세가 꺾여 멸망하는지라 나는 싸우면 반드시 이기고 빼앗았습니다.

사람의 한평생이 100년을 넘지 못하는데 어찌 답답하게 이곳에만 오래 있을 수 있겠습니까. 한 번 뛰어서 곧바로 대명국大明國에 들어가려 하니 귀국은 이에 앞서 입조入朝하십시오. 늦게 입조하는 무리는 용서하지 않을 것입니다. 내가 대명국에 들어가는 날 군사를 거느리고 군영에 나와 맞이한다면 이웃나라로서 동맹은 굳건해질 것입니다.

나의 소원은 오직 삼국三國에 나의 아름다운 명성을 떨치는 것뿐입니다.

태양의 자손을 자칭하는 것도 모자라, 명나라를 정벌하려고 하니 조선의 왕이 앞장서라는 도요토미 히데요시의 요구에 조선 조정은 그야말로 발칵 뒤집혔다. 일본이 침략의 야심을 노골적으로 드러낸 것도 문제였지만, 그 궁극적인 목표가 조선이 아니라 명나라라는 점이 조선을 가장 곤혹스럽게 했다. 동아시아의 패권국이자 이념적 중심국으로서 확고한 자리를 차지해온 명나라가 공격 선상에 놓인다는 것은 조선인들 머릿속에서 상상조차 힘든, 현실성이 없는 일이었기 때문이다.

그렇다고 문건에 담긴 일본의 침략 의지를 마냥 무시하기도 어려웠다. 조선 조정은 이 일을 명나라에 보고하느냐 보고하지 않느냐를 놓고 갑론을박을 벌였다. 사실상 선전포고나 다름없는 히데요시의 서한을 눈앞에 두고도 조선은 왜 이렇게나 명나라의 눈치를 봤던 것일까? 이를 제대로 이해하기 위해서는 16세기 사림의 집권과 조선의 상황에 관해 알아야 한다.

15세기 후반, 성종 대에 조선의 법전인 『경국대전』의 편찬으로 상징되는 통치 질서 정비가 일단락되면서 조선은 안정기에 접어들었다. 성종은 정치 개혁의 일환으로 재야의 선비들을 대거 등용했는데, 이들이 바로 사림士林이다. 공신과 외척이 주축을 이룬 훈구 세력의 탄압과 연산군의 폭정, 뒤이은 네 차례의 사화士禍에도 불구하고, 16세기 후반에 사림은 비로소 정국 주도권을 잡게 된다. 사림의 집권은 조선이 이전보다 유교, 그중에서도 성리학 중심의 국가로 재편되는 과정을 동반했다. 왕과 관료들뿐 아니라 각지의 선비들, 평민들 모두 유교 이념에 따라 행동할 것이 요구되었다. 그렇게 조선에서 유교적 도덕과 수양은 남녀노소 모두가 지켜야 할 국가적·사회적 의무가 되었다.

내부적으로 유교를 온 나라에 뿌리내리는 작업과 함께,

사림은 조선의 대외 인식에도 변화를 불러왔다. 건국 초기만 해도 조선은 요동 정벌론, 종계변무宗系辨誣 등으로 명나라와 크고 작은 마찰을 빚었는데, 겉으로 중화中華 질서를 외치면서도 속으로는 명나라를 향해 일말의 의문과 경계심을 품고 있었다. 그러나 100여 년의 세월이 흐르며 양국 간 외교 관계가 안정세에 접어들면서, 조선은 1등 조공국으로서 점차 입지를 다져나갔다. 사림의 등장은 이러한 추세를 더욱 확고히 하는 계기가 되었다. 성리학적 질서와 원칙에 충실했던 사림에게 명나라 중심의 질서는 이상 그 자체였고, 조선이 이른바 제후국으로서 중화의 가치를 깊이 습득하여 어엿한 중화의 일부로 자리매김하는 것은 조선의 정체성과 관련된 중대한 문제가 되었다.

그런 사림의 눈에 일본은 중화 질서의 경계에 놓인 변방국이자 오랑캐에 불과했다. 15세기 초반 명나라와 일본의 국교 재개 이후 조선과 일본 사이에 사절단이 종종 오가기는 했으나 관계의 지속성과 밀도 면에서 조선과 명나라의 관계와는 큰 차이가 있었다. 그렇게 일본은 점점 조선의 시야 바깥으로 밀려났다. 이는 조선이 일본에 보낸 공식 사절단인 통신사의 파견 횟수만 봐도 알 수 있다. 15세기에는 통신사가 6회에 걸쳐 일본에 파견되었던 반면, 16세기에는 단 2회에 그쳤으며 이마저도 임진왜란 직전과 직후에 파견된 것이었다. 전쟁 직전인 1590년에 조선이 통신사를 일본에 보냈을 때에는 이미 100여 년의 외교 공백이 생긴 뒤였다. 그사이에 일본은 전국시대戰國時代를 맞아 오랜 내전을 겪어내고 포르투갈 상인을 통해 신무기인 조총을 도입하는 등 이전과는 완전히 다른 나라로 거듭나고 있었다.

유교와 중화 질서가 조선에 깊이 뿌리내리면서 조선의 국방에도 변화가 찾아왔다. 14세기만 해도 우리나라의 주력군은 기병騎兵이었다. 고려 말에 장수였던 이성계가 여진족과 왜구를 격파했던 배경에도 기병의 위력과 기동력이 있었다. 그러나 명나라와의 조공 무역이 자리 잡는 과정에서 명나라는 조선의 말을 공물로 거듭 요구했고, 말의 유출은 조선의 군사력 약화를 불러왔다. 더욱이 건국 초기의 전투 경험이 풍부했던 숙련된 병사들이 세월의 흐름에 따라 사라지고 그 빈자리를 군역軍役에 따라 차출된 의무병들이 채우면서 병사 개개인의 전투력도 저하될 수밖에 없었다.

흔히들 임진왜란 이전 조선군의 전력 약화의 원인을 사림의 대두와 유교화로 꼽지만 그 인과관계가 반드시 성립하는 것은 아니다. 앞서 살펴본 것처럼 조선의 군사 환경의 변화는 중요한 요인으로 작용했다. 그 밖에도 건국 이후 시일이

지나면 으레 발생하는 부정부패와 군역 제도의 문란도 군사력 약화를 부추겼다. 베를 지급하고 군역을 빠지거나 다른 사람이 대신 군역을 지게 하는 일들이 속출하면서 병력의 근간을 이루어야 할 의무병 제도가 사실상 유명무실해진 것이다.

사림 세력이 유교적 원칙과 도덕의 실천을 강조한 것은 이러한 상황과 무관하지 않았다. 도덕과 의무를 앞세워 지방관의 부정과 비리를 방지하고 향촌 사회의 질서를 회복시켜 국가의 기반을 다지고 나면 군역 제도의 문란은 자연스럽게 해결되리라고 믿은 것이다. 사림의 대두인 율곡 이이의 십만 양병설은 해이해진 조선군의 실태를 짐작케 하지만, 한편으로는 사림이 국방 문제에 무관심하지는 않았음을 보여준다.

물론 원칙과 이념만으로 현실을 개선하기란 생각보다 어려운 일이다. 사림 중심의 조선 조정이 군사력을 개선하기 위해 내놓은 여러 방책들은 눈에 띄는 결과를 거두지 못했다. 세간의 상식과 달리 조선 조정은 끊임없이 변방의 국방 실태를 점검하고 개선책을 논의해나갔다. 다만 그 초점은 대부분 북방 여진족을 방어하는 데에 놓여 있었으며, 남방의 왜적에 대해서는 언제든 토벌 가능한 오합지졸 정도로 여길 뿐이었다. 불행하게도 조선을 향한 위협은 남쪽 바다로부터 도래하고 있었다.

03

힘의 균형추가 흔들리다: 16세기 동아시아 국제 질서

임진왜란 발발 당시, 도요토미 히데요시는 '정명가도征明假道', 즉 '명나라를 공격할 수 있도록 조선의 길을 빌리겠다'라는 명분을 내세워 조선을 침략했다. 큰 포부와는 달리 일본군은 조·명 연합군에 의해 명나라에 이르지 못하고 조선 땅에서 결국 그 뜻을 꺾을 수밖에 없었다. 명나라를 목표로 한 일본, 이를 용납할 수 없었던 조선의 대리전, 그리고 조선을 위한 명나라군의 참전까지, 여러모로 임진왜란은 조선과 일본 사이의 양자전을 넘어 동아시아 패권을 둘러싼 국제전의 양상을 띠고 있었다.

14세기 후반, 명나라와 조선이 건국되고 일본에서도 남북조 시대의 혼란이 잦아들어 무로마치室町 막부가 들어서면서 동아시아 정세는 새로운 국면을 맞이한다. 명나라의 초대 황제로 오른 주원장朱元璋은 황제의 힘을 극대화하고 '황제-중국-조공국'으로 이어지는 전통적인 중화 질서를 확립했다. 아울러 국가 간 경제 활동도 주변국들과의 조공 무역으로 제한하는 조치를 취했다. 주원장의 강압적인 조치에 주변국들의 크고 작은 반발이 일자, 명나라의 세 번째 황제로 오른 영락제는 무력을 앞세운 강경책보다는 온건한 회유책으로 주변국들의 조공을 장려했다. 조선에 대해서도 관대한 정책으로 선회했는데, 명나라 조정이 조선에서 조공 사신이 너무 많이 와서 재정 부담이 크다고 투덜거릴 정도였다. 단절 상태였던 명나라와 일본의 관계도 회복되었다. 무로마치 막부의 3대 쇼군 아시카가 요시미쓰足利義滿의 거듭된 요청으로 국교가 재개되면서, 일본도 중국 중심의 조공-책봉 체제에 일부 편입된 것이다. 그 밖에도 명나라는 안남安南(베트남), 섬라暹羅(태국), 조왜爪哇(인도네시아 자바), 유구琉球(오키나와) 등 30여 개 주변국들의 조공을 받아내며 세력을 더욱 확장했다.

패권국으로서 명나라의 입지를 떠받치던 것은 강력한 군사력 말고도 유교 문명의 이상향이라는 명분이었다. 조카를 폐위시키고 황위에 오른 영락제는 권력 찬탈자라는 오명을 벗기 위해 더욱 거대하고 완벽한 중화 질서의 확립에 몰두했고 그 결과로 나타난 것이 정화의 원정이었다.

1405년 영락제의 명으로 환관인 정화가 대규모 선단을 꾸려 전 세계 바다를 항해하면서 역사에 기록될 대원정이 시작되었다. 정화가 이끈 원정대는 동남아시아와 인도, 아라비아반도, 아프리카에까지 이르렀고 명나라를 향한 각국의 조공을 이끌어냈다. 영락제는 원정을 통해 명나라 중심의 중화 질서를 전 세계로 확장하는 동시에 만방의 조공을 받는 자신의 모습을 대내외에 과시하며 천자天子로서 지위를 굳히려고 했다. 그러나 영락제가 세상을 떠나자 정화의 원정은 여론에 못 이겨 중지되었고 중국의 바다는 굳게 잠겼다. 명나라는 해금 정책을 본격화하며 주변국들과의 교류를 보다 엄격하게 통제하기 시작했다.

강요 또는 회유를 통해 천자의 나라임을 자부하며 사방에서 조공을 받았던 명나라의 위상은 겉으로 보이는 것만큼 확고하진 않았다. 명나라는 수많은 주변국으로부터 조공을 받았지만, 그 관계의 양상은 나라마다 제각각이었다. 조선처럼 전형적인 조공-책봉 체제를 따른 나라가 있는가 하면, 안남처럼 겉으로는 명나라의 조공국을 표방하면서 안에서는 황제를 칭하는 나라도 있었다. 북방의 여진을 비롯한 여러 부족들과는 기미羈縻 정책, 즉 명나라에 조공하는 조건으로 관직을 수여하고 자치권을 보장하는 방식으로 관계가 유지 됐지만, 그들끼리의 패권 다툼은 상시 진행 중이었다.

동아시아 국제 질서가 명나라를 구심점으로 삼으면서도 미묘한 긴장과 변화의 여지를 지니고 있었음을 상징적으로 보여주는 존재가 바로 왜구倭寇이다. 왜구는 일본 열도를 중 심으로 활동한 해적 집단으로 알려져 있는데, 임진왜란이 벌 어지기 수백 년 전부터 동아시아 바다 곳곳을 누비며 약탈과 폭력, 방화, 심지어 살인까지 일삼은 무법자로 악명을 떨쳐 왔다. 한반도 또한 왜구의 침입과 약탈로 오랜 몸살을 앓았 으며, 특히 고려 말기 40년 동안은 왜구의 침략 횟수만 무려 591회에 달해 그 피해가 가장 극심했던 시기로 꼽힌다. 왜구 가 임진왜란 이전의 동아시아 삼국, 나아가 동아시아의 국제 질서에 어떤 영향을 미쳤는지 살펴보자.

임진왜란이 일어난 것은 1592년. 그로부터 200년 전인 1392년 음력 7월, 이성계李成桂는 명운이 다한 고려 왕조를 등지고 새로운 나라 조선을 건국한다. 역성혁명이라는 거창 한 수식어가 무색하게 왕조의 개창은 평범한 사람들의 세상 을 뒤집을 만큼 커다란 혼란을 불러오지는 않았다. 가장 큰 이유는 이성계가 이미 나라를 몇 차례나 구한 영웅이었으며,

1388년 위화도 회군을 기점으로 고려의 운명이 그의 손에 달렸다는 것이 명백하게 드러났기 때문이다. 고려의 장수 시절부터 이성계는 비범한 무공과 뛰어난 전술로 몽골군과 홍건적, 여진족, 왜구를 격파하며 혁혁한 전공을 칭송받았다. 그 중에서도 1380년 황산 대첩은 왜구를 상대로 가장 큰 성과를 올린 전투로, 이를 계기로 이성계는 변방의 무인에서 일약 국가적 스타의 반열에 오르게 된다. 새로운 왕조의 국왕이 왜구 퇴치를 등에 업고 즉위할 수 있었다는 사실만 봐도 왜구라는 집단이 한반도에 얼마나 골칫거리였는지를 짐작해볼 수 있다.

왕조의 개창 이후로도 왜구는 줄기차게 한반도 연안을 습격하고 약탈했다. 개국 초기인 1396년과 1419년에 조선은 두 차례나 왜구의 근거지인 쓰시마섬에 원정군을 보냈지만 그 효력은 오래가지 못했다. 이후에도 1510년 삼포왜란, 1544년 사량진왜변, 1555년 을묘왜변 등 왜구로 인한 크고 작은 피해는 지속되었다. 조선의 건국에서부터 임진왜란 직전까지, 조선의 바다는 왜구에서 자유롭지 못했던 것이다.

왜구로 인한 피해는 한반도에만 국한한 것이 아니었다. 오히려 왜구는 한반도 못지않게 중국 동해안 지역에서도 큰 문젯거리였다. 원나라 시절부터 왜구로 골치를 앓던 중국은 명나라의 건국 이후 해상 교류를 금지하는 해금海禁 정책을 펼치게 된다. 바다를 통해 왜구가 창궐하니 아예 바닷길을 막아버린 것이다. 이에 따라 바다를 통한 민간의 교역은 일절 차단되고, 오로지 공식 사절단을 통한 조공 무역만 허용되었다.

명나라나 조선 조정에게 왜구가 폭력과 약탈을 일삼는 골칫거리였던 데 반해, 지정학적으로 변방국이었던 일본 입장에서 왜구는 새로운 문물을 받아들이는 교역 수단이기도 했다. 일각에서 왜구를 마피아에 비교하며 밀무역을 주도한 변형된 상인 집단으로 보는 이유도 여기에 있다. 왜구와 이들의 경제활동이 그 폭력성에도 불구하고 끈질기게 잔존해왔다는 사실은 이념과 명분으로 무장한 중화 질서가 완벽한 것이 아니었으며 현실 세계에서 취약성을 보였음을 알려준다. 더불어 왜구의 경제활동을 대체할 만한 공식적인 질서가 부재했다는 것까지도 시사한다.

명나라의 강력한 해금 정책과 고려 말부터 조선 초까지 지속된 토벌로 왜구의 활동 반경은 점차 줄어들었다. 일본에서는 왜구가 수행하던 경제적 기능을 대신할 방도가 시급해졌지만, 조선과 달리 일본은 중화 질서에 적극적으로 편입되어 있지 않았던 탓에 주변국들을 통해서만 중국의 문물을 받아들일 수밖에 없었다.

조선은 명나라와 일본 사이에서 일종의 중개 이득을 보고 있었다. 조선은 일본과의 교역에서 주로 목면木綿과 미곡 등을 수출하고 일본의 금은을 받았는데, 그렇게 사들인 금은으로 명나라의 비단과 도자기, 서책, 약재 등을 수입했다. 목면은 특히 일본에게 중요한 품목이었는데, 당시 일본에서 자체 생산이 이뤄지지 않아 왜구를 통한 약탈이나 수입에 의존하던 실정이었다. 오죽하면 1486년 한 해 동안 조선에서 일본으로 수출된 목면의 양만 50만 필에 이를 정도였다. 이러한 동아시아 국제 교역 시스템은 일본 내부에서 새로운 무역체계를 향한 갈망을 일게 했다.

본질적으로 단일하지 않고 다양한 형태로 존재하던 명나라 중심의 질서는 16세기에 명나라의 구심력이 약화되면서 그 양상에 변화가 일어난다. 조선은 명나라 중심의 질서에 더욱 긴밀하게 연결되었다. 대내적으로 중앙집권적 통치 체계가 확립되고 성리학적 유교 질서를 강조한 사림이 등장하면서 조공-책봉 체제를 통해 왕권의 정당성을 유지하는 것이 중요해졌기 때문이다.

반면 일본에서는 15세기 후반부터 무로마치 막부와 쇼군將軍의 권위가 땅에 떨어지고 다이묘大名들이 실권을 잡기

목면은 특히 일본에게 중요한 품목이었다.

당시 일본에서 자체 생산이 이뤄지지 않아

왜구를 통한 약탈이나 수입에 의존하던 실정이었다.

오죽하면 1486년 한 해 동안 조선에서 일본으로 수출된

목면의 양만 50만 필에 이를 정도였다.

위해 각지에서 들고 일어서면서 전국시대戰國時代의 혼란이 시작되었다. 감합勘合 무역의 형태로 이뤄지던 명나라와의 조공 무역은 전면 중지되고 양국의 외교도 단절되었다. 막부의 통제력이 떨어지자 중국 동남부 연안에 왜구가 다시 창궐하였다. 16세기 중반에 접어들어 명나라는 척계광戚繼光이라는 명장을 앞세워 왜구를 어느 정도 제어할 수 있게 되지만, 그때는 이미 일본에 도요토미 히데요시를 중심으로 강력한 중앙 정권이 수립된 이후였다. 그리고 통일된 일본은 왜구를 통한 단발적인 약탈을 넘어 명나라 정복이라는 거대한 야망을 키우고 있었다.

그즈음 명나라는 변방 부족들의 소요와 반란을 끊임없이 겪어내고 있었다. 북방의 여진은 누르하치努爾哈赤의 깃발 아래 세력을 하나로 규합하던 중이었고, 임진왜란의 발발 직전인 1592년 초에는 중국 서북부의 영하寧夏 지역에서 몽골 무장 보바이哱拜가 10만여 명의 군사를 동원해 반란을 일으켰다.

이렇듯 명나라를 중심으로 한 구심력과 각국을 중심으로 한 원심력 사이의 긴장은 점차 커지고 있었다. 그렇다고 임진왜란 직전에 명나라 중심의 질서가 극적으로 붕괴했다고 섣불리 단정할 수는 없다. 명나라 중심의 동아시아 질서는 분명한 균열을 보이고 있었으나, 명나라는 여전히 거대한 제국이었으며 치명적인 국력 손실을 입은 적도 없었다. 명나라 조정은 임진왜란 발발 이전에 여러 경로를 통해 일본의 침략 징후를 탐지했음에도 명나라의 국운을 뒤흔들 만큼 큰 위협으로 간주하지 않았다. 얼핏 이는 일본을 얕본 명나라 조정의 안일함처럼 보이지만, 한편으로는 주변국들에게 도전장을 받더라도 막대한 물적·인적 자원을 앞세워 얼마든지 평정할 수 있다는 대국의 여유이기도 했다.

여전히 거대하고 강력한 국가였으나 국제 질서를 주도하는 구심력이 점차 약해지고 있던 명나라. 그리고 주변에서 자국의 이해관계에 따라 군사적·사상적으로 명나라에 도전해온 동아시아의 나라들. 그중에서도 명나라와 조선, 일본 세 나라는 14세기 후반 형성된 질서 속에서 때로는 격렬한 파도를 일으키고, 때로는 물밑에서 끊임없는 부침을 겪고 있었다. 그리고 이러한 변화가 거대한 물결이 되어 세 나라를 휩쓸고, 마침내 역사적 전환을 가져왔던 사건이 바로 임진왜란이었다.

영락제와
정화의 원정

郑和下西洋

영락제는 명나라의 세 번째 황제이자 주원장의 넷째 아들로, 조카인 건문제를 몰아내고 스스로 황제에 오른 인물이다. 그는 황자 시절 연왕燕王으로 봉해진 뒤 북방 수비를 책임졌고 몽골의 침입을 성공적으로 방어함으로써 명나라 건국에 혁혁한 공을 세웠다. 이러한 뛰어난 자질과 공적 덕분에 주원장은 그를 후계자로 삼는 것을 잠시 고려하기도 했으나, 장자 계승 원칙에 따라 큰아들을 황태자로 삼았다가 큰아들이 일찍 죽자 그 아들을 황태손으로 책봉했다. 주원장 사후에 황태손이 황위에 오르니 명나라 2대 황제인 건문제이다.

어린 조카가 황제로 즉위하자 건문제와 연왕 사이에는 긴장이 감돌았다. 북방을 수비하는 연왕의 명성과 병력은 여전히 건재했기에 건문제는 언제 호랑이 같은 숙부가 변심할지 몰라 두려워했고 연왕 또한 황제가 된 조카에게 숙청될까 불안에 시달렸다. 연왕에 대한 건문제의 견제가 표면으로 드러났을 즈음 결국 연왕은 쿠데타를 일으켜 스스로 황위에 오르게 된다.

영락제는 강력한 황권을 중심으로 북경 천도를 비롯해 대규모 편찬 사업, 외교 정비, 대원정 사업 등을 추진하며 명나라 최고의 전성기를 이끌어낸다. 그러나 그의 화려했던 이력 너머에는 지울 수 없는 그늘이 있었으니, 바로 정통성을 지닌 조카를 몰아내고 황위를 차지했다는 점이었다. 조선의 세조가 조카인 단종의 왕위를 빼앗았다는 오명에 평생 시달렸던 것처럼, 황위 계승 과정에서 불거진 정통성 문제는 영락제에게 커다란 콤플렉스로 자리 잡고 있었다.

영락제는 자신의 즉위가 '황제의 자리를 찬탈한 것'이 아니라 '천명天命으로 부여받은 것'임을 드러내기 위해 명나라 바깥으로 눈을 돌린다. 천하를 다스리는 천자의 위엄을 보임으로써 정통성을 확립하려던 것이다. 이러한 영락제의 욕망과 강력한 국력을 바탕으로 안정을 찾은 명나라의 상황이 결합되어 명나라는 적극적인 대외 정책을 펼치게 된다.

정화의 대원정(1405~1433)은 명나라 중심의 질서를 전 세계로 확장하고 그 안에 많은 국가와 부족을 포섭하려는 영락제의 시도가 가장 화려하고 극적으로 꽃피운 사건이다. 정화鄭和는 이슬람교 집

안에서 태어나 명나라의 환관이 된 인물이다. 그는 군공을 세워 영락제의 총애를 사게 되는데, 흔히 알려진 환관의 이미지와는 다르게 큰 키와 장대한 체구, 위엄을 지녔고 인품과 학식 모두 뛰어났다고 전해진다.

영락제가 즉위한 지 3년이 지난 1405년, 영락제는 정화를 총사령관으로 임명하고 2만 8000여 명의 병사와 62척의 함대로 구성된 해외 원정단을 출범시킨다. 이는 서구의 신항로 개척보다 100여 년 앞선 것으로, 7회(영락제 재위 중에는 6회)에 걸쳐 단행되었으며 총 항해 거리는 18만 5000킬로미터에 달하는 것으로 알려져 있다. 시기나 규모에 비추어볼 때 명나라였기에 가능했던 사업이었다.

'원정'이라는 세간의 용어와 다르게 이들의 목적은 군사 정벌보다는 외교와 가까웠다. 실제로 정화는 동남아시아와 인도양, 아프리카 등지의 30여 개 나라에 방문했고 각국의 사절들을 대동하여 돌아왔다. 명나라 중심의 조공-책봉 관계에 익숙하지 않았을 이 나라들이 어떤 생각으로 사절을 보냈는지는 정확히 알 수 없다. 그럼에도 불구하고 생김새도 언어도 제각각인 여러 나라에서 영락제에게 조공을 바치러 왔다는 사실은, 그 자체로 명나라 황제의 영향력이 전 세계에 미치고 있음을 선전하는 것이자 영락제의 정통성을 만방에 과시하는 일이었다.

정화의 원정은 영락제 사후에 단 한 차례 시행된 뒤 마치 없던 일처럼 사라지고 말았다. 영락제의 뒤를 이은 황제들은 대규모 원정에 관심을 보이지 않았고, 오히려 건국 초기부터 이어져온 해금 정책을 강화하는 모습을 보였다. 사실, 정화의 원정을 통해 명나라 중심의 광대한 네트워크를 확립하려던 영락제의 구상은 어디까지나 명나라의 강력한 구심력을 전제로 하는 것이었다. 그러나 명나라 중심의 질서 속에서 분출되던 각국의 욕망이 단일하지 않고 다양한 형태를 띠었음을 감안하면 정화의 원정은 태생적으로 사절단 교환 이상의 의미를 지니기 어려웠다. 결국 영락제와 정화의 위대한 구상은 그들이 사라지자 명나라 중심의 폐쇄성만을 드러내게 되었고, 다시금 동아시아 삼국의 욕망이 제각기 분출하는 계기로 작동하게 되었다. 화려해 보이는 조공 무역과 대원정의 이면에는 훗날 임진 왜란의 방아쇠가 되었던 명나라 중심의 동아시아 질서가 지닌 그늘 또한 짙게 드리워져 있던 것이다.

04
침략자의 탄생,
도요토미 히데요시

15세기 중반, 무로마치 막부가 쇠퇴하면서 일본은 전국시대戰國時代에 접어들었다. 약 100년 동안 각지의 영주들이 실권을 잡기 위해 피비린내 나는 세력 다툼을 벌이던 혼란의 시대였지만, 출세의 야망을 품고 있던 영주나 하급 무사들에게는 기회의 장이었다.

끝나지 않을 것 같던 전쟁에 종지부를 찍고 전국을 통일한 인물이 있었으니, 바로 도요토미 히데요시이다. 도요토미 히데요시는 전국 통일을 완수하고 각지의 영주를 규합해 임진왜란이라는 침략 전쟁을 주도했던 야심가였지만, 임진왜란 발발로부터 30여 년만 해도 그는 바늘을 팔아 연명하던 떠돌이 장수에 불과했다. 그야말로 인생역전의 상징이었던 도요토미 히데요시가 어쩌다 임진왜란을 일으킨 주역으로 거듭나게 되었는지 그의 삶을 통해 그 실마리를 찾아보자.

히데요시의 어린 시절에 관해서는 알려진 것이 많지 않다. 여러 기록을 참고해볼 때, 그는 하급 무사 또는 빈농의 자식으로 태어났으며 16세가 되던 해에 부친이 유산으로 남긴 약간의 돈을 밑천으로 삼아 일본 전국을 유랑하며 바늘을 팔고 다녔다고 전해진다. 당시 일본은 전국시대의 끝자락에 놓여 있었다. 끝없는 전쟁은 수많은 승자와 패자를 낳았고, 그 과정에서 뜻밖의 신분 상승을 달성하는 인물들도 적지 않았다. 히데요시 또한 신분 상승의 꿈을 품고 자신의 몸을 의탁할 주군을 찾아 나섰다. 영주를 중심으로 세력 다툼을 벌이던 전국시대에는 무엇보다 강력한 힘과 능력을 갖춘 주군을 섬기는 것이 출세의 지름길이었기 때문이다. 『태합소생기太閤素生記』에는 히데요시가 처음 주군으로 섬겼던 마쓰시타松下를 만났을 당시의 흥미로운 일화가 소개되어 있다.

구노久能에서 하마마쓰浜松로 향하는 길에 색다른 자를 보았다. 원숭이인가 하고 보면 사람, 사람인가 하고 보면 원숭이였다. 어느 곳에서 온 누구인가 물어보니, '원숭이'가 말하기를 "오와리尾張에서 왔습니다"라고 했다. 다시, 어린 사람이 무엇 하러 먼 길을 왔는지를 묻자 "벼슬을 하고 싶어서 왔습니다"라고 했다. (……)
마쓰시타가 '원숭이'를 하마마쓰에 데리고 가서 주군인 부젠豊前*
에게 보여주었더니, 부젠의 어린 딸들이 나와서 구경하고, 옆에
있는 자들이 웃으며 껍질이 붙어 있는 밤을 꺼내 주자 '원숭이'가
입으로 껍질을 벗겨 밤을 먹는데 입가가 원숭이와 똑같았다. 여기
저기에서 귀엽다며 낡은 적삼을 주고 비단옷도 주고 목욕도 시키
고 바지를 입히니 그 모습이 청아해서 처음 모습과 달랐다. 이후
마쓰시타의 신발 담당 부하들과 함께 두었다.

바늘을 팔던 '원숭이'가 출세의 꿈을 향해 첫걸음을 내
디딘 순간이었다. 그렇게 온갖 허드렛일을 도맡으며 밑바닥
에서부터 시작한 히데요시는 18세가 되던 해에 운명적인 만
남을 갖게 된다. 당시 일본 최고의 실력가였던 오다 노부나
가織田信長와의 만남이었다. 히데요시는 오다 노부나가의 영
지에 찾아가, 질 좋은 갑옷을 구해 오라는 마쓰시타의 명령
을 지키는 대신에 오다 노부나가에게 주군으로 섬기게 해달
라고 청했다. 오다 노부나가는 히데요시를 받아들이며 이런

---

* 당시 일본은 최상위 영주인 다이묘(大名)를 섬기는 가신(家臣)이 있고, 그 가신은 또
휘하에 가신을 두는 봉건제도를 취하고 있었다. 당시 히데요시가 몸을 의탁하고자 했
던 마쓰시타는 물론이고 그가 섬기던 부젠 또한 다이묘의 가신에 불과했다. 히데요시
는 다이묘의 가신의 부하가 되고자 청했던 것이다.

말을 남겼다고 한다. "얼굴은 원숭이를 닮았구나. 마음도 가벼워 보이는데 기氣도 좋겠지."

그렇게 히데요시는 옛 주군을 등지고 일본 최고의 권력자의 휘하에 들어가는 데에 성공했다. 물론 이렇다 할 전공도 없던 그가 단숨에 요직을 차지할 리는 없었다. 히데요시는 오다 노부나가를 향해 끊임없는 충성을 내보이며 조금씩 신임을 얻어갔다. 히데요시가 매서운 추위에 떨면서도 오다 노부나가의 신발을 품속에 넣고 다니며 언제라도 주군이 따뜻한 신발을 신을 수 있도록 했다는 일화는, 그의 민첩하면서도 끈질긴 성향을 잘 보여주고 있다.

오다 노부나가의 휘하에 들어가고도 빛을 보지 못한 채 숨죽이던 게 어느덧 10여 년, 히데요시에게도 기회가 찾아왔다. 조금씩 전투에 참여할 기회가 주어진 것이다. 당시는 오다 노부나가가 일본 전국을 통일하기 위해 끊임없이 전쟁을 벌이던 전국시대였고, 히데요시의 출세길 또한 전장에 있었다. 히데요시가 오다 노부나가의 휘하에서 이룬 공훈의 대부분은 전투에서의 승리였는데, 야사로 전하는 스노마타 일야성墨俣一夜城 일화가 가장 유명하다. 오다 노부나가의 명으로 히데요시가 전략적 요충지인 스노마타에 하룻밤 만에 성을 쌓아 전쟁의 승기를 잡았다는 이야기로, 이 또한 히데요시의 영민하고 추진력 넘치는 면모를 그리고 있다. 연이은 승전으로 명성을 쌓은 히데요시는 영지를 하사받고 이름도 하시바 히데요시羽柴秀吉*로 바꾸었다. 오랜 기간 품어온 그의 야망이 점차 현실화하고 있었다.

오다 노부나가의 휘하에서 히데요시는 여러 전공을 올렸지만 그중에서도 1582년 다카마쓰高松 공략은 잔혹하고도 기민한 지략가로서 그의 면모를 여실히 보여준 전쟁이었다. 천혜의 요새인 다카마쓰성을 함락시키기 위해 히데요시는 전면전 대신에 성 주변의 물줄기를 가두어놓은 제방을 터뜨려 적군을 수장시키는 계책을 세웠다. 상대편 병사들뿐 아니라 성 안에 터전을 잡고 살던 민간인들도 목숨을 잃을 게 당연했음에도 히데요시는 주저 없이 수공水攻을 가했다. 그야말로 항복의 기회도 주지 않은 채 성을 물바다로 만들어버렸던 것이다.

목표를 위해서는 수단과 방법을 가리지 않던 과단성, 뛰어난 책략과 지략, 그리고 잔혹함까지 히데요시는 마치 전국

---

* 도요토미 히데요시는 일생에 걸쳐 이름을 여러 번 바꾸었다. 어릴 때 이름은 히요시吉日, 처음 유랑길에 올라 관직을 구할 때는 기노시타 도키치로木下藤吉郞로 이름을 바꾸었다. 후에 오다 노부나가에게서 영지를 받은 후에는 하시바 히데요시羽柴秀吉로 이름을 바꾸고, 일본 최고의 권력자에 오른 후에야 우리에게 알려진 도요토미 히데요시豊臣秀吉이라는 이름을 쓰게 된다. 이처럼 평생에 걸쳐 여러 차례 성과 이름을 바꾼 것에서도 그의 파란만장한 일생의 단면을 엿볼 수 있다.

시대를 위해 태어난 것 같은 타고난 정복자처럼 보였다. 그런 히데요시에게 일생 최대의 기회가 다가왔다. 히데요시가 45세가 되던 해, 당시 일본 전역을 장악하고 통일을 향한 마지막 단계만을 앞두고 있던 그의 주군 오다 노부나가가 부하였던 아케치 미쓰히데明智光秀에게 피살되는 사태가 벌어졌다. 히데요시는 신속한 군사 행동으로 아케치 미쓰히데를 진압하고 주군인 오다 노부나가의 복수를 완수했다는 명분을 앞세워 권력을 장악했다. 더불어 오다 노부나가의 밑에서 오래도록 실권을 잡아온 시바타 가쓰이에柴田勝家, 오다 노부나가의 셋째 아들인 오다 노부타카織田信孝 같은 거물 정적들을 제거했다. 이제 남은 적수는 그의 강력한 라이벌이었던 도쿠가와 이에야스德川家康뿐이었다.

　도쿠가와 이에야스는 오다 노부나가, 도요토미 히데요시와 더불어 전국시대의 3대 인걸人傑로 꼽히는 인물로, 히데요시 사후 일본을 통일하고 에도江戸 막부를 세운 주역이다. 도요토미 히데요시는 도쿠가와 이에야스를 힘으로 제압하기보다 동반자로 만드는 데에 주력했다. 일설에 따르면 도요토미 히데요시가 도쿠가와 이에야스의 마음을 돌리기 위해 자신의 여동생과 어머니를 인질로 보냈다고 한다. 그만큼 도요토미 히데요시에게 도쿠가와 이에야스를 포섭하는 것은 매우 중요한 과제였고, 결국 도요토미 히데요시는 도쿠가와 이에야스를 휘하로 들이는 데에 성공한다.

일본 전국시대의 기틀을 닦은 오다 노부나가의 원수를 갚고, 강력한 실력자인 도쿠가와 이에야스의 머리를 조아리게 한 도요토미 히데요시의 앞을 가로막는 것은 아무것도 없었다. 1585년 사실상 일본의 최고 권력자가 된 히데요시는, 천한 신분 때문에 오를 수 없던 쇼군將軍 자리 대신에 관백關白이라는 천황의 섭정직에 취임하고 머지않아 최고 관직인 태정대신太政大臣의 자리에 오른다. 그리고 일본 천황天皇으로부터 도요토미豊臣라는 성씨까지 하사받았다. 16세에 바늘을 노잣돈 삼아 방랑했던 천민 출신의 '원숭이'가, 49세에 이르러 일본의 최고 실권자가 되어 전국시대 일본을 통일하고 임진왜란이라는 침략 전쟁을 주도한 '도요토미 히데요시'로 완성된 것이다.

100여 년에 걸친 끊임없는 내전, 그리고 강한 자가 모든 것을 갖는 약육강식으로 움직였던 전국시대. 그 치열하고도 잔혹한 경쟁의 틈바구니에서 인생역전을 실현하고 모두의 염원이었던 통일까지 완수하면서 도요토미 히데요시는 최후의 승자가 된 것처럼 보였다. 적어도 그때까지는 말이다. 도요토미 히데요시의 권력욕은 일본의 최고 권력자에 오른 것

"나는 지금까지 이름을 여러 번 바꿨다.

히요시, 기노시타 도키치로, 기노시타 히데요시,

하시바 히데요시, 그리고 도요토미 히데요시.

나의 마지막 이름은 역사에 영원히 남길 것이다.

일본의 한낱 영주가 아니라 대륙을 제패한 지배자의 이름으로.

그러려면 수십 만은 죽어야겠지. 아마도."

에서 그치지 않았다. 그의 눈길은 이제 일본 열도를 넘어 바다 건너의 조선, 나아가 명나라를 향해 있었다. 그 저변에는 일본의 어느 통치자도 시도하지 못했던 과업을 완수함으로써 정통성을 다지는 동시에, 오랜 전란으로 축적된 영주들의 불만을 외부로 돌리려는 히데요시의 노림수가 있었다. 무엇보다 명나라가 자국 중심의 질서에 순응하는 조공국들을 대상으로 교역을 강화하고 해금 정책을 본격화하면서, 상대적으로 소외된 일본 내에서는 중국 문물에 대한 욕망이 나날이 커져가고 있었다. 그리고 전국시대가 한창이던 16세기 중반부터 시작된 포르투갈 상인과의 교류는 일본인들에게 대외 진출에 대한 큰 열망을 심어주었다.

도요토미 히데요시가 명나라 정벌이라는 대담한 구상을 언제부터 품었는지는 정확히 알 수 없으나, 그 야심을 노골적으로 드러낸 것은 전국 통일 직후부터였다. 통일 이전에도 일본의 권력가들은 대륙에 대한 야망을 공공연하게 내비치곤 했다. 오다 노부나가가 여러 차례에 걸쳐 대륙에 진출하겠다고 언급한 것이나, 히데요시가 조선 땅을 할양해주겠다는 약속만 있으면 조선과 명나라를 공략하여 오다 노부나가에게 바치겠다고 한 기록도 있다. 물론 일본 내 혼란을 평정하지 못한 상태에서 중국 대륙을 넘보는 것은 그야말로 공상에 불과했을지도 모른다. 그러나 일본을 통일하고 수십만의 군사를 휘하에 둔 관백 도요토미 히데요시에게 명나라 정벌은 시도해봄 직한 현실의 목표가 되었다.

중국 대륙을 향한 도요토미 히데요시의 야심을 가장 잘 보여주는 것이 바로 히데요시의 황금 부채이다. 황금으로 화려하게 장식된 이 부채에는 명나라와 조선, 일본 세 나라의 지도가 담겨 있는데, 일본 열도가 한반도의 두 배 이상, 그리고 명나라의 영토에 버금갈 정도로 크게 그려져 있다. 조선을 거쳐 명나라를 정벌하고 나아가 인도에까지 진출하겠다는 원대한 구상을 품었던 도요토미 히데요시는 이 황금 부채를 휘하 영주들에게 내보이고 충신들에게 하사하며 자신의 야욕을 과시했다.

포르투갈 선교사들에게 명나라 공격에 필요한 배를 조달해줄 것을 요청할 때에도 도요토미 히데요시는 대륙 정복을 향한 야심을 공공연하게 드러냈다. 한 가지 의미심장한 점은 그가 명나라를 공격하려던 궁극적인 이유가 자신의 명성을 만천하에 드러내고 후대에 이름을 남기고자 했던 명예욕에 있었다는 사실이다. 히데요시가 일본 전역을 통일했다고는 하지만 100여 년에 걸친 전란이 남긴 상처는 여전히 남아 있었다. 이러한 상황에서 조선과 명나라 정벌이라는 대규모 전쟁을 벌임으로써 도요토미 히데요시와 일본이 얻을 수 있는 실리는 생각보다 크지 않았을 것이다. 그러나 전쟁이란 언제나 합리적이고 이성적인 판단으로만 벌어지지 않는 법이다. 전국시대라는 소용돌이를 겪은 일본의 하급 무사들에게 전쟁은 신분 상승과 출세의 기회 그 자체였고 무사도와 충성 경쟁은 목숨보다 중요해진 지 오래였다. 이들에게 도요토미 히데요시의 정복 전쟁은 부와 지위를 누릴 수 있는 또 다른 기회였고 히데요시는 이들의 욕망을 원천 삼아 전쟁 준비에 돌입했다.

그러나 도요토미 히데요시가 명나라 중심의 국제 질서에 도전장을 내밀며 전쟁을 일으킨 것과 달리, 그의 머릿속에 새로운 질서에 관한 전망은 없었다. 이를 반증하듯 도쿠가와 이에야스 같은 유력 영주들뿐 아니라 임진왜란 당시 선봉에 선 고니시 유키나가小西行長 같은 장수들도 처음에는 전쟁을 만류했다. 그만큼 히데요시의 명나라 정벌은 현실성이 결여된 것이었고, 이것은 임진왜란이라는 비극을 낳은 씨앗이 되었다.

織田信長
豊臣秀吉
德川家康

일본 역사에서 가장 중요한 인물들이자, 임진왜란과 가장 관계 깊은 세 인물이 있다. 전국 통일의 기틀을 닦은 인물이자 히데요시의 주군이었던 오다 노부나가織田信長, 일본을 통일하고 임진왜란을 일으킨 도요토미 히데요시豊臣秀吉, 임진왜란이 끝나고 히데요시의 자리를 빼앗은 도쿠가와 이에야스德川家康이다. 일본의 전국 통일과 임진왜란을 중심으로 서로 긴밀하게 엮인 삼인방이지만, 이들의 성향은 제각기 달랐다. 이를 잘 보여주는 유명한 고사가 있으니, 바로 '울지 않는 두견새' 이야기이다.

두견새가 지저귀는 소리를 듣고 싶어서 잡아왔는데 새가 울지 않는다면 어떻게 해야 할까? 이 문제에 대한 세 사람의 답변은 다음과 같았다. 거침없고 성미가 급한 오다 노부나가는 "울지 않는다면 죽여버린다." 온갖 꾀를 부려서라도 목표를 달성해내는 도요토미 히데요시는 "울지 않는다면 어떻게든 울게 만든다." 오랜 인고 끝에 최후의 승자가 된 인물답게 도쿠가와 이에야스는 "울지 않는다면 울 때까지 기다린다." 이렇게나 성향도 다르고 가치관도 다른 세 사람은 어쩌다 역사의 무대에서 조우한 것일까? 그리고 임진왜란과 어떤 연결 고리로 이어져 있을까?

오다 노부나가는 야심으로 똘똘 뭉친 히데요시에게 날개를 달아준 주역으로 알려져 있다. 다만 임진왜란과 직접적인 연결 고리를 찾기에 오다 노부나가는 시기적으로 다소 동떨어져 있다. 임진왜란이 발발하기 10여 년 전에 그는 이미 세상을 떠났는데, 그때만 해도 일본이 통일되고 곧이어 조선과 전쟁을 하게 될 것이라고 누구도 예견하지 못했다. 그러나 오다 노부나가가 히데요시의 출세에 결정적인 역할을 했다는 걸 차치하더라도, 그가 임진왜란에 미친 영향력은 결코 적지 않다. 수많은 기록과 정황 증거들은 오다 노부나가가 가신과 영주들에게 대륙 정벌에 대한 야심을 공공연하게 드러냈음을 말해주고 있다. 물론, 당시에 오다 노부나가는 일본을 절반도 제패하지 못한 상황이라 그의 행보는 권력가의 허세처럼 느껴지기도 하지만, 한편으로는 일본 무장들의 마음속에 더 큰 세계를 향한 강렬한 열망이 하나둘 자리 잡기 시작했다는 것을 보여준다.

전국시대의 일본이 동아시아 무역 질서에서 고립된 상황도 여기에 한몫했다. 오랜 전쟁에도 불구하고 일본 내부의 생산성은 점차 높아지고 있었으며, 전쟁의 승자가 부와 권세를 독식하게 되면서 사람들은 더 많은 물자와 사치품을 갈망했다. 그러나 그 욕구를 충족시키기에 바닷길은 너무나 좁았다. 조선이 안정을 찾고 명나라가 해금 정책을 단행함에 따라 왜구의 약탈을 통한 물자의 수급은 점점 어려워졌다. 더구나 무로마치 막부가 무너진 뒤에는 명나라와의 감합 무역마저 끊어져버렸다. 이러한 상황에서 오다 노부나가는 호기롭게 대륙 진출을 외쳤을 테지만, 머지않아 부하였던 아케치 미쓰히데明智光秀의 배신으로 비명횡사하고 말았다.

오다 노부나가의 뒤를 이어 실권을 잡은 도요토미 히데요시는 성공적으로 일본을 하나로 묶어냈다. 상당한 세력을 지닌 도쿠가와 이에야스도 결국 도요토미 히데요시에게 고개를 숙이고 말았고, 이제 그의 위에는 천황天皇 외에 아무도 없었다. 밑바닥에서부터 시작해 마침내 최고의 자리에 오른 도요토미 히데요시, 그가 곧바로 명나라를 공략하기 위한 전쟁 준비에 돌입한 데에는 오다 노부나가로부터 이어져온 대륙 정벌의 열망이 적지 않은 역할을 했을 것이다. 오다 노부나가와 차이가 있다면, 도요토미 히데요시는 그것을 실제로 구현해낼 수 있는 무소불위의 권력과 막강한 군사력을 갖고 있었다.

조선을 거쳐 명나라를 침공하겠다는 도요토미 히데요시의 구

오다 노부나가: 도쿠가와 공, 만약에 울지 않는 두견새가 있다면

어떻게 하겠소?

역시 울지 않는 새는 죽여버려야겠지.

도쿠가와 이에야스: 기다려야지요. 새가 울 때까지 기다려야지요.

도요토미 히데요시: 주군, 어떻게든 울게 만들어야지요.

맛있는 먹이를 줘서 현혹하고

윽박질러 협박도 하고.

상이 얼마나 공상에 가까웠는지를 일본의 노련한 무장들이 모를리 없었다. 훗날 임진왜란의 선봉에 섰던 고니시 유키나가마저 전쟁에 부정적인 입장을 보였을 정도였다. 그럼에도 불구하고 도요토미 히데요시는 전쟁을 감행했고 20여 만 명의 일본군이 조선을 침략해 살육과 약탈을 자행했다. 전쟁에 동원된 병사들이 일본을 넘어 더 큰 세계를 향한 도요토미 히데요시의 야망에 얼마나 동조했을지는 모를 일이다. 분명한 것은, 대다수의 병사들에게 여전히 전쟁은 출세 수단이자 불만의 분출구로서 매력적이었고 도요토미 히데요시는 이 기회를 놓치지 않고 활용했다.

전쟁의 목적과 결과만 본다면 임진왜란은 도요토미 히데요시의 실패로 끝나고 말았다. 그러나 연간 수십만 이상의 인원이 동원된 대규모 전쟁에서 패배했음에도 도요토미 히데요시의 권좌는 흔들림이 없었고, 그가 병사하고 나서야 일본군은 조선에서 퇴각할 수 있었다. 도요토미 히데요시의 사후 일본에서는 다시 거대한 내전이 벌어졌지만 도쿠가와 이에야스에 의해 혼란은 금세 잦아들었다.

오랜 기다림 끝에 최후의 승자가 된 도쿠가와 이에야스가 가장 먼저 착수한 일은 도요토미 히데요시의 그림자를 지우는 것이었다. 임진왜란의 여파를 수습하는 것도 그중 하나였는데, 권력을 장악한 이후 도쿠가와 이에야스는 조선과의 교섭 과정에서 자신은 전쟁과 무관했고 모든 전쟁의 책임은 도요토미 히데요시에게 있음을 주장하기도 했다. 포로 쇄환과 내부 정비가 필요했던 조선이 마지못해 일본이 내민 화해의 손길을 받아들이게 되면서, 7년간 벌어진 거대한 전쟁은 꼭 그만큼의 시간이 지나고 나서야 종식될 수 있었다.

2부

전쟁의 시작

1592년 4월 14일
고니시 유키나가의 일본군이 부산에 상륙하다.
부산진 전투(일본군 승, 조선군 패).

1592년 4월 15일
동래성 전투(일본군 승, 조선군 패).

1592년 4월 26일
충주 탄금대 전투(일본군 승, 조선군 패).

1592년 4월 30일
선조, 한양을 떠나 피란길에 오르다.

1592년 5월
고니시 유키나가의 일본군이 한양을 점령하다.

1592년 5월 4일
이순신 함대(조선 수군 연합함대)의 1차 출정.
옥포 해전(5.7), 합포 해전(5.7), 적진포 해전(5.8) 등에서
일본군을 격파하다.

1592년 5월 29일
이순신 함대(조선 수군 연합함대)의 2차 출정.
사천 해전(5.29), 당포 해전(6.2), 당항포 해전(6.5), 율포 해전(6.7) 등
에서 일본군을 격파하다. 거북선이 처음으로 실전에 투입되다.

1592년 6월
1차 평양성 전투(일본군 승, 조선군 패).

1592년 7월 6일
이순신 함대(조선 수군 연합함대)의 3차 출정.
한산도 대첩(7.8), 안골포 해전(7.10) 등에서 일본군을 격파하다.

임진년, 일본은 15만 8700명의 대군을
앞세워 조선을 침입했다.

속도전을 위해 병사들은
당장 필요한 식량만을 몸에 지녔다.
16만 대군을 위한 식량과 무기 등의 보급은
경상도와 전라도 바다를 통해
배로 수송하려는 작전이었다.

일본군의 진군 속도는
믿기 어려울 정도로 빨랐고
조선 상륙 20여 일 만에 한양을 점령했다.

그러나 조선의 임금 선조와 조정 대신들은
이미 한양을 등지고 피란길에 오른 뒤였다.

"주군, 조선에서 온 급보입니다.

　조선 왕이 궁을 버리고 도망쳤다고 합니다."

도요토미 히데요시: 바보 같은 소리 하지 마라.

　　　　　　　전쟁에 졌을 때 우두머리가 할 수 있는 일은

　　　　　　　단 두 가지이다.

　　　　　　　끝까지 싸우다 죽거나 아니면 할복하거나.

　　　　　　　그런데 왕이 도망을 쳐?

　　　　　　　전군은 조선 8도로 흩어져 조선 왕을 잡아라!

도요토미 히데요시는 조선 왕을 끝내 잡지 못한다.
전쟁은 장기전이 되었고
시간이 지날수록 학살로 변질되었다.

"남녀노소에 관계없이 모두 목을 베어 일본으로 보내라."

—「도요토미 히데요시 명령서」

"길바닥 위에 죽은 자들이 모래알처럼 널려 있다.
 도대체 인간이 한 일이라고 말하기 어렵다."

—일본의 어느 종군 승려의 기록

파죽지세로 나아가는 일본군 앞에
추풍낙엽처럼 스러져가는 조선군.
그러나 조선의 바다에는 이순신이 있었다.

이순신과 전라좌수영 수군이 지키던 남해와 서해는
일본군의 해상 보급로이자 일본 본토에서 곧바로
명나라로 쳐들어갈 수 있는 바닷길.

"바다를 빼앗기면 모든 것을 잃는다!"

옥포 해전, 합포 해전, 적진포 해전,
사천 해전, 당포 해전, 당항포 해전, 율포 해전…

이순신 함대는 일본 수군을 상대로
연이은 승리를 거둔다.
그리고 그 중심에는 귀선龜船이 있었다.

막강한 기동력과 화력을 지닌 귀선은
그 존재만으로 일본군을 압도했다.

"생긴 것은 거북이인데 머리는 용,
그 입에서 불을 뿜어대는데
바다의 괴수처럼 배를 집어 삼킨다고?
바람 앞의 등불 같은 조선에서
어찌 그런 배가 나타난다는 것이냐!"

"배에 지붕을 얹어서
배 안에 사람이 하나도 안 보입니다.
안에서도 밖을 어떻게 보는지 몰라
'장님배'라고 부릅니다."

귀선은 이순신과 조선 수군이 거둔
위대한 승리의 상징이자
조선의 바다를 지킨 수호신이었다.

연이은 패배에 분노한 도요토미 히데요시는
조선 수군과의 일전을 통해
바닷길을 다시 확보할 것을 지시하고,
일본 장수 와키자카 야스하루가 대군을 이끌고 나섰다.

이순신: 지금 견내량에는 우리가 지금까지 봤던

적들과는 비교가 안 될 만큼 많은 적들이 모여 있다.

적들을 봐라. 그리고 들어라.

우리는 누구를 위해 싸우는가. 우리는 왜 싸우는가.

죽지 마라. 너희들이 죽지 않으면 내가 죽지 않는다.

너희들이 죽지 않으면 조선이 죽지 않는다.

나에게는 너희가 조선이다.

우리는 단 한 번도 기습을 당한 적이 없다.

우리가 원하는 때에 원하는 곳에서 싸운다.

그것이 우리의 싸움이다.

전군, 지금 당장 출격 준비하라!

1592년 7월 8일,
이순신이 이끄는 조선 수군 연합함대는
한산도 앞바다에서 일본의 와키자카 부대를 격파했다.

왜선 73척 중 59척이 분멸되었지만
귀선을 포함한 조선의 판옥선은
단 한 척도 파괴되지 않았다.
'대첩大捷'이라는 이름에 걸맞은 완벽한 승리였다.

한산도 대첩 이후 일본군은 식량, 무기 등 보급을
바다로 실어 나르는 데에 문제를 겪게 된다.

임진년 겨울이 지나고 나서는
아군의 시체를 먹어야 할 정도로
일본군의 식량난은 심각한 수준에 이르렀다.

그리고 이것은 일본이
임진왜란에서 패배한 가장 큰 원인이었다.

01

부산에 상륙한 일본군,
파죽지세로 나아가다

1592년 4월 14일, 부산 앞바다에 일본의 선단이 새까맣게 몰려들었다. 일본군 선봉장 고니시 유키나가小西行長가 이끄는 1만 8000여 병력이 700여 척의 병선과 함께 조선을 쳐들어온 것이다. 이것은 시작에 불과했다. 도요토미 히데요시가 임진왜란의 전초기지로 삼았던 히젠나고야肥前名護屋성에서는 고니시 유키나가의 선발대를 제외하고도 무려 20만에 이르는 대군이 침략의 기치 아래 출정을 준비하고 있었다.

조선은 전쟁의 징후를 포착하고 나름대로 방비책을 세웠지만, 기존의 방어 체계를 정비하고 장수를 뽑는 등 사실상 최소한의 방어에 그치고 말았다. 반면, 일본은 100여 년의 전국시대를 거치며 전투 경험이 풍부하고 숙련된 병사들을 보유하고 있었다. 전쟁의 준비 과정뿐 아니라 실전 경험과 규모 면에서 열세를 면치 못한 조선군은 삽시간에 무너졌다. 남해의 관문이었던 부산진을 지키던 조선의 병사는 600여 명 남짓이었다. 평상시였다면 큰 문제가 되지 않았을지 모르지만 갑작스러운 전시 상황에 대처하기에 적합한 군사 규모는 아니었다. 1만 8000명 대 600명, 전투의 결과는 불을 보듯 뻔했다.

임진왜란 발발 초기, 파죽지세로 나아가는 일본군 앞에 조선군은 그야말로 추풍낙엽처럼 스러졌다. 첫 전투가 일어난 부산진은 일본군의 공격을 받은 지 몇 시간 만에 함락되었다(부산진 전투). 뒤이어 부산 일대의 요충지였던 동래성에 밀어닥친 일본군은 조선군을 향해 이렇게 최후통첩을 보냈다. "싸우고 싶으면 싸우고, 싸우고 싶지 않으면 길을 빌려달라.戰則戰矣 不戰則假道". 동래부사였던 송상현宋象賢은 "싸워 죽기는 쉬우나 길을 빌려주기는 어렵다戰死易 假道難"라는 말로 받아치며 일본군에 항전하였으나 결국 동래성도 하루 만에 함락되었다(동래 전투). 수많은 장수와 지방관, 병사, 백성들의 항전에도 불구하고 조선군의 수적 열세는 너무나 컸고 전멸을 거의 면치 못했다. 부산 지역의 수군들은 죽음을 무릅쓰고 싸우면서도 일본군에게 이용될지도 모를 선박들을 침몰시킬 수밖에 없었다.

예상보다도 쉬운 함락에 놀란 일본군은 오히려 진군 속도를 조절할 정도였다. 당시 조선은 오랜 세월 전란을 겪지 않은 데다 유사시에만 대규모 병력을 동원하는 제승방략制勝方略 체제를 따르던 상황이었다. 그러나 기대와 달리 병력의 신속한 집결은 이뤄지지 않았고 결국 대규모 병력을 앞세운 일본의 총력전에 별다른 저항을 하지 못한 채 무너지고 말았다. 일본군은 함락시킨 성 안의 백성들을 향해 무차별 학살을 자행했다. 성주가 미리 항복하지 않으면 엄청난 보복을 자행하던 일본의 전투 방식을 조선 땅에 와서 고스란히 답습한 셈이다. 잔인무도한 살육을 동반한 일본군의 진군은 셀 수 없이 많은 조선 백성들의 무고한 죽음을 불러왔고, 이에 놀란 조선의 장수와 병사들은 성과 무기를 버리고 도주하기 급급했다.

임진왜란 초반 조선군이 연이은 패배를 겪으며 일본군에게 전략적 요충지를 내어주고 빠른 진격을 허용한 것은 조선의 해이한 국방 실태를 반증하는 증거였다. 성을 방어해야 할 지방관과 무관들이 도주했을 정도이니 당시 조선군의 기강 해이가 얼마나 심각했는지도 알 수 있다. 다만 조선의 지방관들에게 이 모든 것이 예상 밖의 사태였다는 점은 감안해야 한다. 조선에서 지방 방어의 1차 책임은 중앙에서 파견된 지방관과 군사 책임자들에게 있었다. 전쟁 초반 주요 전장이었던 경상도, 전라도, 충청도 등지에는 각 도의 책임자인 관찰사뿐 아니라 군권을 총괄하는 병마절도사와 수군을 지휘·감독하는 수군절도사가 파견되어 있었다. 특히 경상도는 전략적으로 중요한 지역이라서 병마절도사가 2명이나 파견되어 있었는데 결과적으로 이들은 제 역할을 다하지 못했다.

전쟁 초반에 조선이 신속하게 대응하지 못했던 이유 중 하나는 당시 전시 방어 체제였던 제승방략 체제의 허점에서 비롯되었다. 제승방략 체제는 전쟁이 일어나면 각 지역의 군사가 특정 거점에 모여 중앙에서 파견된 장수의 지휘 아래 적에게 대응하는 전략을 기본으로 삼았는데, 이는 병농일치兵農一致에 따른 조선의 군사 편제로 뒷받침되었다. 조선의 군인 대부분은 평상시에 농민으로 생업에 종사하다가 정해진 기간 동안 군사 훈련을 받고 필요할 때에 차출되어 복역하는 식이었다. 제승방략 체제는 이러한 농민병을 신속하게 조발하고 중앙에서 전략을 하달받은 장수의 지휘 아래 총체적인 방어를 도모하는 체제였다. 상비군을 유지하지 않아도 되고 필요할 때에만 대규모 병력을 소집할 수 있다는 이점 때문에

16세기 이후 조선은 제승방략 체제를 기본 방위 전략으로 채택했다.

문제는 제승방략 체제가 장점만큼이나 큰 단점을 지녔다는 점이다. 조금 극단적으로 말하면, 조선이 제승방략 체제로 전환한 이후 처음 겪은 전쟁인 임진왜란에서 제승방략 체제는 온갖 단점만을 내보이며 붕괴했다. 일본군이 엄청난 속도로 진군한다는 소식에 조선의 농민병은 급히 거점에 모여들었으나 정작 이들을 지휘할 중앙의 장수가 없는 상황이 벌어졌다. 병사가 모이면 장수가 없고, 장수가 오면 병사가 모이지 않는 엇박자가 속출한 것이다. 병사들의 훈련 상태도 엉망이라 막상 전투가 시작되었을 때 진형조차 제대로 갖춰지지 않았다. 체계적인 훈련이 결여된 상태에서 집합시킨 병사들은 오합지졸이나 다름없었다.

전투를 지휘하고 전략을 수립해야 하는 지휘관도 문제가 있었다. 농민병을 징집하여 대규모 전투를 수행하기 위해서는 이들을 실질적으로 통솔하고 상부의 명령을 전달할 하급 군관들이 충분히 갖춰져야 하는데 임진왜란 초반엔 그 수가 절대적으로 부족했다. 게다가 각 지역에서 1차 방어선을 형성해야 할 지방관들은 군사 업무에 그리 밝지 못했다. 조선의 지방관은 통치뿐 아니라 군사적 방어까지 아우르는 자리였음에도 문관文官이 임명되는 일이 부지기수였기 때문이다. 물론 문관 출신이라도 지휘관으로서 주어진 임무에 충실하며 목숨을 바쳐 항전한 지방관들도 있었지만, 책임을 망각하고 도주한 지방관들이 대부분 문관이었던 것은 부정할 수 없는 사실이었다.

그러나 전쟁 초반에 조선군이 속수무책으로 무너진 가장 근본적인 문제는 따로 있었다. 조선의 지방군 차원에서 막기에 일본군은 20만에 이르는 대규모 병력이었으며 너무나 잘 훈련되어 있었던 것이다. 오랜 전란을 바탕으로 쌓은 일본군의 전투 경험과 조직력은 각지에서 급히 소집된 조선군이 감당하기 어려운 수준이었다. 심지어 선봉을 맡은 고니시 유키나가가 이끈 병력은 경상도 전체에서 소집 가능한 조선군 병력을 웃돌았다.

일본이 치밀한 사전 준비 끝에 엄청난 규모의 병력을 앞세워 침략을 감행했음을 감안하면, 불의의 일격을 당한 당시의 조선에게 연이은 패배의 책임을 전부 묻는 것은 지나친 일인지도 모른다. 임진왜란뿐 아니라 병자호란, 더 나아가 한국전쟁과 같은 대규모 총력전에서 우리는 흔히 패자를 향해 왜 충분히 방어하지 못했는가를 질책하지만 이는 자칫 침략의 행위를 정당화할 수 있다는 점에서 적절치 않은 일일 것이다. 그리고 결국 임진왜란 후반에 조선군은 저력을 과시하며 일본군과 첨예한 공방전을 벌였고, 이는 조선의 전쟁 수행 능력이 마냥 뒤처지지는 않았음을 말해준다.

조선의 전시 방어 체제의 변화:
진관 체제와 제승방략 체제

鎭管
制勝方略

임진왜란 초반 조선군이 연이어 패배한 이유로는 여러 가지를 들 수 있지만, 그중에서도 전란 당시 조선의 전시 방어 체제였던 제승방략 체제의 붕괴는 치명적인 것이었다.

제승방략 체제는 전시에 각지의 군사력을 한 곳에 집중시키고 중앙에서 파견한 장수의 지휘 아래 적군에게 대응하는 전략이다. 이는 상비군 유지의 부담이 적고 유사시 대규모 병력을 움직여 적군에게 집중 공세를 가해 전란을 조기에 진압할 수 있다는 이점이 있지만, 1차 방어선이 무너질 경우 뒤이은 적군의 공세를 막기 어렵다는 단점이 있었다. 16세기 즈음 조선은 기존의 거점 수비 중심의 진관 체제 대신 제승방략 체제를 기본 방위 전략으로 채택했고, 이는 결과적으로 임진왜란 초기 전황에 결정적인 영향을 미쳤다. 그렇다면 왜 조선은 방위 전략을 진관 체제에서 제승방략 체제로 바꾼 것일까? 그 내막을 간략하게 살펴보자.

고려 말에서 조선 초까지만 해도 국방 방비의 핵심은 왜구와 홍건적 등의 외침에 대비하여 거점을 방어하는 데에 있었다. 그러나 건국 당시 조선의 군사 조직은 일원화된 체계를 보이지 못했다. 군권이 한 군데로 집중되지 못하고 분산되어 있던 탓에, 조선 전기 지방 군사 체제는 북방과 남방의 군사적 요새인 영營과 진鎭을 지키는 영진군營鎭軍 체제를 따랐다. 영진군 체제는 국경 지대에 병력을 치우치게 하여 상대적으로 내륙 수비에 취약했는데, 이러한 문제를 해결하기 위해 조선 세조 대에 군제가 대대적으로 개편되었다.

세조의 군제 개편은 모든 백성이 군역을 담당하는 개병제皆兵制의 도입, 군권의 중앙 집중화, 군 지휘관에 문관을 등용하는 것을 특징으로 했다. 그리고 진관 체제, 즉 각지의 진鎭을 거점으로 삼고 주둔 중인 병력으로 요충지를 방어하다가 유사시 중앙군이 관管을 타고 오듯 지원하는 방위 체제를 채택했다. 이때의 군제 개편은 단순히 군사 조직의 변화만을 의미하지 않았다. 인구수와 백성 개개인의 경제력을 파악하여 군사로 삼을 인원(정군正軍)과 이들을 경제적으로 보조하는 인원(보인保人)을 구분하는 정군-보인 체제를 갖추었다. 중앙군은 정군이 교대로 올라와 복무하고 보인은 복무하지 않는 대신 정군의 생계를 보충해주는 구조를 취했으며, 지방군 또한 농민병을 중심으로 했다. 이러한 병력은 군현제郡縣制에 따라 중앙에서 파견된 지방관에 의해 1차적으로 관리되었으며, 군사적 요충지에 한해 파견된 병마절도사 또는 수군절도사가 주요 거점을 방어하는 데에 주력하도록 했다. 다시 말해 평상시에는 병마절도사나 수군절도사가 거점을 중심으로 병력을 운용하되, 유사시에는 지방관이 각 고을의 병력과 무장 상태에 따라 병력을 소집할 수 있도록 한 것이다. 병력 운용의 두 축이었던 병마절도사와 수군절도사는 무관들이 주로 임명되었으나, 지방관의 경우에는 대다수가 문관 출신이었던 것이 특징적이다.

건국 이래 커다란 외침을 겪지 않았던 조선이 세조 대에 이르러 상비군 대신 주요 거점 방어와 유사시 병력 동원을 골자로 하는 진관 체제를 택한 것은 나름대로 합리적인 선택이었다. 현실적으로 대규모의 상비군을 유지하는 것은 막대한 비용을 필요로 했으며 군사 통제에도 어려움이 있었다. 무엇보다 정변을 통해 왕위에 오른 세조 입장에서는 군권 통제의 필요성을 더욱 크게 느꼈을 것이다. 국방의 의무라는 측면에서 백성들에게 군역을 균등하게 지우는 것 또한 중요한 과제였다. 이처럼 진관 체제는 상비군 유지에 따른 재정 부담을 줄이고 유사시 효과적인 병력 징발과 방어가 가능하다는 장점이 있었는데, 조선은 이를 바탕으로 북방의 여진을 정벌하기도 했다. 정벌을 위한 군사 동원은 상대적으로 여유를 갖고 행할 수 있었기에 진관 체제가 효율적으로 돌아간 것이다.

진관 체제에도 단점은 존재했는데, 그중에서도 지방군 병력의 전문성이 취약하다는 점은 결정적 문제로 작용했다. 조선 후기에 다양한 진법 운용 등을 통해 농민병의 전력을 강화하기 전까지 농민병의 전문성 문제는 해결하기 어려운 과제였다. 각지의 국방을 담당하는 지방관이 문관 위주로 임명되고 이들에 의해 국가 통제가 강화되는 추세는 전문성을 갖춘 병력 운용을 방해하는 요인이 되었으며, 건국 이래 이어진 평화는 조선이 국방에 대한 경계를 늦추게 만들었다. 군역 제도의 해이도 문제로 작용했다. 시일이 지날수록 군포軍布를 납부하는 것으로 군역을 대신하는 방군수포放軍收布가 만연했다. 이처럼 명목상의 군제와 실질적인 병력 운용 사이의 괴리는 전시 상황에서 치명적인 위험을 가져올 수밖에 없었다.

그렇게 진관 체제는 오랜 평화와 함께 점차 와해되어갔고, 조선은 그 허점과 폐단을 보완하기 위해 제승방략을 대안으로 삼았다. 진관 체제에 따른 상시적 거점 수비가 사실상 무력해지자 제승방략 체제를 통한 대규모 병력 동원에 집중한 것이다. 제승방략 체제의 핵심은 유사시에 각지의 병력을 한 곳에 집결시켜 중앙에서 파견된 지휘관이 이를 지휘하는 것이다. 그러나 군역 제도는 나날이 해이해졌고 수령들은 지방 방어 업무를 후순위로 밀어두기 일쑤였다. 이에 따라 농민병들은 체계적인 훈련은커녕, 전란의 공백으로 대규모 병력 동원의 경험조차 갖지 못했다.

임진왜란이라는 대규모 전쟁이 발발하자 제승방략 체제는 갖은 문제점을 드러내며 붕괴했다. 각지의 자체 방어력이 와해된 상태에서 엄청난 속도로 진격하는 일본군을 1차적으로 방어하기란 불가능에 가까웠다. 가까스로 병력을 소집해도 이들을 이끌어야 할 지휘관이 제때 도착하지 않는 상황이 비일비재하게 일어났다. 무엇보다 조선의 지방군은 일본군에 비해 수적으로나 실전 경험으로나 열세였던 터라 전쟁 초반 조선은 연전연패를 거듭할 수밖에 없었다.

제승방략 체제의 실패는 전략 자체의 취약점만을 논할 문제는 아니다. 모든 제도가 그렇듯 제승방략 체제는 16세기 조선의 현실에 비추어보면 나름의 합리성을 갖추고 있었다. 사실 근본적인 문제는 전략이나 전술이 아니라 200여 년간 큰 전쟁을 경험하지 못한 조선의 처지에 있었고, 병농일치兵農一致의 근본이 와해된 정치·경제적 현실에 있었다고 봐야 한다. 임진왜란의 경험을 바탕으로 조선은 속오군束伍軍과 5군영을 중심으로 군제 개편에 나섰고, 뒤이어 병자호란을 거치며 국방의 쇄신을 꾀하게 된다.

02
탄금대 전투의 패배,
그리고 선조의 몽진

        왜적이 대거 침입했다는 소식이 조선 조정에 전달된 것은 전쟁이 발발한 지 4일째 되는 날이었다. 전쟁 초반 그 심각성을 과소평가했던 조선 조정은 북방 여진족을 상대로 혁혁한 전공을 세운 이일李鎰을 파견하여 사태를 수습하고자 했으나, 이일은 방어전에 나설 병력과 제대로 접선하지도 못했다. 제승방략 체제의 허점이 여지없이 드러나는 순간이었다. 고니시 유키나가의 부대는 그사이에 경상도 상주까지 진격했다. 결국 아무것도 준비되지 않은 상태로 상주에서 일본군과 조우한 이일은 제대로 싸워보지도 못하고 대패한 뒤 도주하고 말았다(상주 전투).

        이일의 패전 소식에 놀란 조선 조정은 북방에서 최고의

명장으로 이름을 날린 신립申砬에게 정예병을 주어 일본군의 진격을 저지하려 했다. 신립과 고니시 유키나가가 맞붙은 탄금대 전투는 임진왜란 초반 전쟁의 양상을 결정지은 중요한 전투로 알려져 있다. 신립은 문경새재의 험난한 지형에 의지해 방어전을 펴는 대신, 충주 탄금대 평야로 나와 배수진背水陣을 치고 일본군과 전면전을 벌이는 것을 택했다. 그러나 상주 전투에서 패배한 뒤 가까스로 목숨을 건져 합류한 이일마저 만류했을 만큼 신립의 전술은 상식에 맞지 않았다. 어쩌면 신립은 수적 열세를 극복하고 병사들의 전투 의지를 최고조로 끌어올리기 위해 극단적인 수를 썼던 것일지도 모르지만, 투지만으로 전투에서 승리할 수는 없는 법이다. 탄금대 일대는 평지이지만 논밭이 많고 길이 좁아 기병騎兵을 움직이기에는 지형이 협소했다. 무엇보다 일본군에는 조총 부대가 있었다. 세간에 알려진 것과 달리, 신립은 조총 부대의 존재를 사전에 알고 있었지만 조총의 명중률을 과소평가하고 자신이 거느린 기병의 기동력을 과신하고 있었다. 몰랐던 것이 아니라 오판을 했던 것이다.

그렇게 신립이 이끄는 조선군은 절벽을 등진 채 광활한 들판에서 고니시 유키나가의 일본군과 대치했다. 신립의 부대는 주로 활을 쏘며 돌격하는 궁기병弓騎兵으로 편성되어 있었다. 궁기병을 움직일 때에는 궁기병 특유의 기동력과 연이은 화살 세례를 앞세워 상대편의 전열을 와해시키고 보병步兵을 무너뜨리는 전술을 택해야 그 위력을 극대화할 수 있다. 조선의 궁기병들은 신립의 전술에 따라 활을 쏘며 진격하였고 처음에는 일본군이 후퇴하기도 하는 등 어느 정도 성과를 거두었다. 그러나 일본군이 조총 부대를 중심으로 대형을 유지한 채 칼을 휘두르며 전진하자 조선군은 전열이 흩어지다 이내 패주하기에 이르렀다. 설상가상으로 일본군의 별동대가 조선군 후방의 충주성을 점령하면서 신립 부대는 고립무원의 상황에 놓이고 말았다.

패주하는 병사들 속에서 고군분투하던 신립의 모습은 그야말로 눈물겨웠다. 야사에 따르면 홀로 탄금대 언덕에 올라 쉬지 않고 활을 쏘아댄 나머지 신립의 손이 화상을 입은 것처럼 뜨거워져 신립이 손을 식히기 위해 남한강을 아홉 번이나 오가면서 적군에 대항했다고 한다. 아무리 뛰어난 명장이라도 혼자서 대군을 상대하기란 어려웠다. 중과부적의 상황에 힘이 다한 신립은 결국 남한강에 뛰어들어 자결했다. 그렇게 당대 최고의 명장은 과신과 오판 끝에 산화하고 말았다.

신립의 눈물겨운 결사 항전에도 불구하고 탄금대 전투의 패배로 조선은 결정타를 입게 된다. 당시에 신립이 지휘했던 조선군은 적어도 1만 명 규모의 중앙군으로 이루어져 있었다. 전투 경험이나 장비의 차이는 있었지만 병력의 규모와 편제를 감안하면 고니시 유키나가의 부대와 맞서 싸우기에 크게 부족하지 않은 수준이었다. 이러한 정예 부대가 풍비박산 나자 조선에는 일본군의 북상을 저지할 만한 중앙군이 사실상 거의 남지 않았다. 반면에 일본군의 규모는 점점 늘어났다. 가토 기요마사加藤淸正의 부대가 고니시 유키나가의 뒤를 바짝 쫓아가고 있었고 그 규모는 고니시 부대를 훨씬 뛰어넘었다. 그 뒤로도 10만이 넘는 일본군이 한양을 목표로 진군하고 있었다.

일본군은 부산에서 세력을 집결한 뒤 세 갈래로 나뉘어 조선의 수도인 한양을 향해 북상했다. 부산진 전투를 시작으로 동래성 전투, 상주 전투, 충주 탄금대 전투에서 연승을 거두며 경상도와 충청도 일대를 빠른 속도로 장악해나갔다. 고니시 유키나가와 가토 기요마사를 비롯한 일본군 지휘관들이 쉬지 않고 북진을 감행한 가장 큰 이유는 조선의 수도인 한양을 점령하고 왕을 사로잡으면 전쟁이 곧 끝날 거라고 생각한 데에 있었다.

이러한 믿음은 일본의 봉건제와 전국시대라는 역사적 배경이 빚어낸 산물이기도 했다. 조선과 달리, 전국시대의 일본은 쇼군將軍을 중심으로 한 중앙집권체제를 이루지 못하고 각지의 힘 있는 영주, 즉 다이묘大名들이 자체적인 무력과 행정력을 동원해 지방을 지배하는 봉건제를 따르고 있었다. 쇼군의 영향력이 유명무실해지면서 다이묘들의 권력 싸움은 크고 작은 전투로 번져갔는데, 상대편 다이묘의 항복, 또는 협상, 자결로 전투가 끝나는 경우가 많았다. 일본군은 조선과의 전쟁에서도 일정 부분 이러한 방식의 승리를 기대했을 것이다. 조선을 다스리는 유일한 군주이자 임금인 선조를 하루 빨리 굴복시켜 전쟁의 승자가 될 생각에 일본군 지휘관들은 누가 한양에 가장 먼저 당도할 것인지를 두고 경쟁까지 벌였다. 물론 이들의 계획은 조선의 임금이 한양을 떠나지 않는다는 전제 아래에서만 가능했다.

조선 조정은 일본군이 북상 중이라는 급보를 계속 받으면서도 신립의 승전 소식만을 기다리며 한양 사수의 의지를 다지고 있었다. 그러나 4월 29일, 탄금대 전투의 패배 소식이 전해지자 선조는 서둘러 파천播遷을 논의하기 시작했다. 너무나 빠른 선조의 몽진蒙塵 결정에 신하들 대다수가 반발했고 급기야 목 놓아 통곡하며 임금에게 애원하는 이들까지 생겨났다. 『조선왕조실록』에는 당시의 급박했던 상황을 엿볼 수 있는 기록이 남아 있다.

충주에서의 패전 보고가 이르자 임금이 대신과 대간을 불러 비로소 파천播遷에 대해 발의하니, 대신 이하 모두가 눈물을 흘리면서 부당함을 극언하였다.

영중추부사 김귀영金貴榮이 아뢰기를, "종묘와 왕실의 묘소가 모두 이곳에 계신데 어디로 가시겠다는 것입니까? 도성을 지키며 외부에서 원군이 오기를 기다리는 것이 마땅합니다" 하였다.

우승지 신잡申礋이 아뢰기를, "전하께서 만일 신의 말을 따르지 않으시고 끝내 파천하신다면 신의 집엔 여든 된 노모가 계시니 신은 종묘의 대문 밖에서 스스로 자결할지언정 감히 전하의 뒤를 따르지 못하겠습니다" 하였다.

수찬 박동현朴東賢이 아뢰기를, "전하께서 일단 도성을 나가시면 민심은 보장할 수 없습니다. 전하의 가마를 멘 인부도 길모퉁이에 가마를 버려둔 채 달아날 것입니다" 하면서 목 놓아 통곡하였다.

그러자 임금이 얼굴빛이 변하여 내전으로 들어갔다.

—『선조실록』 26권, 선조 25년(1592) 4월 28일

선조의 파천을 반대하는 신하들의 태도는 비장하다 못해 위협적이기까지 했는데 그중에서도 수찬 박동현朴東賢의 발언은 의미심장했다. 이대로 한양을 버리고 피란한다면 선조의 안위를 보장할 수 없을 뿐 아니라 그를 따르는 가마꾼

조차 구하기 쉽지 않을 것이라는 간언이었다. 이에 선조의 낮빛이 변할 정도였다고 하니, 당시의 사태가 얼마나 심각했는지 짐작할 수 있다.

신하들의 완강한 반대에 부딪혀 주춤했던 것도 잠시, 영의정 이산해李山海 등의 옹호에 힘입어 선조의 파천은 하루 만에 신속하게 결정되었다. 선조는 만일의 경우에 대비하여 둘째 아들인 광해군을 세자로 책봉하고 왕자들을 각지에 보내 추가 병력을 모집하도록 했다. 일본군이 한양에 입성하기 이틀 전, 조선의 임금과 조정은 그렇게 수도 한양을 등지고 북쪽을 향해 험난한 피란길에 올랐다.

조선이 임금의 파천을 결정한 데에는 불가피한 측면이 있었다. 앞서 일본군을 저지하기 위해 파견된 신립의 주력 부대가 허무하게 전멸한 상황에서 한양을 효과적으로 방어할 수단은 사실상 존재하지 않았다. 무엇보다 한양은 방어에 적합한 곳이 아니었다. 당시 한양은 성곽 둘레가 18킬로미터에 이를 정도로 큰 도시였고 오랫동안 전란을 겪지 않아 해자垓子와 같은 방어 시설이 갖춰져 있지 않았다. 일본군이 진격해올 것으로 예상되는 동대문과 남대문 부근은 거의 평지라서 아군이 적에게 노출될 우려도 컸다. 이 모든 사정을 감안하면 무작정 한양에 남아 있는 것만이 능사는 아니었을지도 모른다.

임금의 파천은 임진왜란에 처음 있던 일은 아니었다. 고려 시대에도 강력한 외부 세력의 침입으로 수도를 방어하기 어렵다고 판단되면 임금과 조정이 전략적 요충지로 몸을 피한 일이 여럿 있었다. 13세기에 몽골의 기마 부대가 쳐들어왔을 때 고려의 왕 고종이 강화도로 파천하여 60여 년간 대몽 항쟁을 펼쳤던 것이 대표적인 예이다.

그럼에도 불구하고 선조의 파천은 1차적으로 왕이 자신의 안위를 챙기기 위해 내린 조치라는 점에서 지나친 보신주의라는 손가락질을 피하기 어려웠다. 선조는 신립의 패배 소식을 듣자마자 전란의 수습과 방어 대책을 마련하기보다 파천을 서두르기에 바빴다. 피란을 떠나기에 앞서 우의정 이양원李陽元에게 한양 수비를 맡기고 한강을 경계로 방어선을 세울 것을 지시하기도 했으나 사실상 큰 효력을 발휘하지 못했다.

임금이 도성을 버렸다는 소식만으로 민심은 크게 동요했다. 성난 백성들은 궁궐로 몰려들어 왕실의 창고를 털고 노비 문서가 보관된 장예원掌隸院을 불태웠다. 조선의 정궁正宮이었던 경복궁도 이때 불타 소실되었는데, 훗날 고종 대에 다시 중건되기까지 약 270년간 폐허의 신세를 면치 못했다.

그렇게 한양은 불길에 휩싸인 채 일본군에게 함락되었다. 임진왜란이 시작된 지 불과 20일 만의 일이었다.

　외세의 침입과 임금의 몽진, 그리고 백성의 손에 의해 불타버린 궁궐과 도성 한양. 한양을 점령하고 왕을 사로잡는 것을 1차 목표로 삼은 일본군의 전략은 빗나가고, 조선은 연이은 패배에도 병력을 규합해 끈질긴 항전의 의지를 다지면서 전쟁은 장기전으로 흘러갔다. 전쟁이 길어질수록 점점 더 비참한 처지에 몰리는 것은 조선 백성들이었다. 이미 조선의 지방 통제력은 무너져버린 뒤였고 무고한 백성들은 일본군의 학살과 과중한 전쟁 부담을 오롯이 감내해야 했다. 오죽하면 일본군 지휘관인 가토 기요마사가 고니시 유키나가 부대를 향해 조선의 민간인 겁탈을 만류했던 일이 인정仁政의 표상으로 회자될 정도였다.

　앞서 언급했듯 일본의 입장에서 최선의 전략은 빠르게 한양을 무너뜨린 뒤에 선조를 굴복시키고 전쟁을 조기에 끝내는 것이었다. 이는 일본군에게 익숙한 전투 방식이기도 했지만, 원정遠征의 특성상 전쟁이 장기화되면 물자의 조달과 수송에 난항을 겪을 가능성까지 염두에 둔 선택이었다. 도요토미 히데요시가 일본을 통일했다고는 하나 각지의 영주들을 힘으로 굴복시킨 것일 뿐 여전히 불만의 씨앗이 곳곳에

1592년 5월, 한양은 불길에 휩싸인 채

고니시 유키나가의 일본군에게 함락되었다.

임진왜란이 시작된 지 불과 20일 만의 일이었다.

서 자라나고 있었다. 무엇보다 수십만 대군에게 보급할 군량과 무기를 일본 안에서 전부 소화해내기란 무척 어려운 일이었다. 이에 도요토미 히데요시는 병사들에게 식량을 휴대 가능한 수준으로만 주고 부족한 식량은 조선에서 그때그때 조달하는 것으로 전쟁 초반의 군량 보급 문제를 해결하려 했다. 이후에 필요한 식량은 후방에서 바다를 통해 보급하기로 했다.

도요토미 히데요시의 계획은 일본군이 20일 만에 한양을 점령하며 성공을 거두는 듯했다. 그러나 커다란 변수 세 가지가 일본군 앞을 가로막았다. 첫 번째 변수는 조선의 왕인 선조가 도성을 사수하지도, 자결하지도 않고 너무나 신속하게 피란길에 나섰다는 것이다. 그리고 두 번째 변수는 이순신 장군과 조선 수군이 바다를 지키고 있었다는 것, 마지막 변수는 수많은 의병이 일본군의 배후 각지에서 들고일어났던 것이다.

임진왜란의 두 선봉장,
고니시 유키나가와 가토 기요마사

小西行長
加藤淸正

전쟁 초반에 일본군은 이르는 곳마다 휩쓸어버리고 20여 일 만에 한양을 함락했을 정도로 그 기세가 거칠고 무자비했다. 일본군의 선봉에 선 두 왜장倭將이 있었으니, 바로 고니시 유키나가小西行長와 가토 기요마사加藤淸正이다. 선봉장이라는 역할에서 보이듯 그들은 일본에서 높은 지위가 아니었고, 전쟁 이후의 행보도 극적으로 갈렸다. 적군의 장수이지만 임진왜란으로 조선에 잊을 수 없는 의미로 각인된 두 사람의 이야기를 해보려고 한다.

고니시 유키나가는 임진왜란 당시 일본군의 제1군 선봉장이다. 상인의 아들로 태어났던 그는 도요토미 히데요시의 눈에 들어 휘하로 들어간 이후 주로 수군을 지휘하다가 27살의 젊은 나이로 다이묘에 임명되었다. 도요토미 히데요시와 마찬가지로 그의 삶은 인생

역전에 가까웠는데 전국시대라는 혼란상이 부여한 기회나 다름없었다. 고니시 유키나가는 도요토미 히데요시의 총애를 받으며 여러 전투의 선봉장으로 나서왔지만 정작 주군의 명나라 정복 계획에는 회의적 태도를 보였다. 추측건대 상인 출신으로서 그는 전쟁 때문에 쓰시마섬을 통한 대외 교역이 끊겨 손실이 발생할 것을 우려한 듯싶다. 고니시 유키나가가 전쟁에 반대했던 또 다른 이유는 신앙에 있었다. 그는 어린 시절부터 독실한 가톨릭 신자였고, 불가피한 전쟁이 아닌 야망에서 비롯된 침략 전쟁을 납득하기 어려웠을 것이다.

그러나 일단 전쟁이 결정되자 고니시 유키나가는 선봉을 자처했고 누구보다 빠르게 조선 땅을 유린하며 북으로 전진해나갔다. 한양을 함락시킨 것도, 평양성에 입성하여 선조를 압박한 것도, 명나라의 1차 원병을 저지했던 것도 전부 고니시 유키나가였다. 그러나 1593년 평양성 전투에서 조·명 연합군에게 쓰라린 패배를 입고 뒤이은 행주 대첩에서 조선군에게 패배한 뒤 그는 본래의 입장으로 선회했다. 전쟁을 지속하기보다 강화 협상을 맺는 쪽으로 태세를 전환한 것이다. 물론 강화는 애초에 이뤄지기 어려운 것이었고 결국 정유재란이 발발하고 만다.

그 과정에서 고니시 유키나가는 노림수를 쓰는데, 가토 기요마사의 부대가 부산에 상륙한다는 정보를 조선 조정에 일부러 흘린 것이다. 이를 믿은 선조는 이순신에게 출정을 명했다. 정보의 진위 여부와 별개로 한겨울의 바다에서 언제 들이닥칠지 모를 일본군의 함대를 기다리는 것은 무리수에 가까웠다. 이순신 함대가 풍랑을 피하는 사이에 가토 기요마사는 부산에 상륙해버렸고 출병했던 이순신 함대는 뱃머리를 돌려야만 했다. 이것이 빌미가 되어 이순신은 누명을 뒤집어쓰고 파직되었으며, 이후 칠천량 해전이 벌어지면서 조선 수군은 궤멸에 가까운 피해를 입게 된다. 고니시 유키나가의 역정보가 얼마나 계산된 것인지는 알 수 없으나, 결과적으로 이는 일본군에게는 엄청난 승전을, 조선군에게는 엄청난 패배를 안겨주었다. 훗날 철수 명령이 내려와 순천왜성을 빠져나가야 했을 때에도 고니시 유키나가는 명나라군에게 미리 정보를 얻어 유유히 일본으로 퇴각했다.

가토 기요마사는 고니시 유키나가와 더불어, 어찌 보면 더한 악명을 떨친 일본 장수였다. 대장장이의 아들이었던 그는 혈연을 빌려 어린 나이에 도요토미 히데요시의 눈에 들었다. 그렇게 10대 초반부터 전장에 나섰고, 20살의 젊은 나이에 도요토미 히데요시의 미래를 결정한 시즈가타케賤ヶ岳 전투에서 큰 공을 세우며 승승장구했다. 그리고 고니시 유키나가와 달리, 도요토미 히데요시의 지원 아래 드넓은 영지를 보유한 다이묘가 되었다.

임진왜란의 선봉장이 된 가토 기요마사는 고니시 유키나가와 경쟁하며 한양을 향해 북진해나가지만 고니시 유키나가가 한양에 먼저 입성하면서 전공을 빼앗기게 된다. 이후 그는 전공을 쌓는 데에 더욱 혈안이 되어 북진을 계속했고, 함경도에서 조선의 왕자 임해군을 붙잡고 두만강을 건너 여진족과 교전하는 등 조선의 북방지역을 짓밟아놓았다. 뿐만 아니라 경주 불국사를 비롯해 조선의 수많은 문화재를 불태웠는데, 경복궁 방화의 유력한 범인으로 가토 기요마사의 부대가 지목될 정도였다. 임진왜란 당시 가토 기요마사가 부대 뒷산에 나타난 호랑이를 사냥했다는 일화도 전해진다. 20세기 초까지 한반도에 호랑이가 자주 출몰했다는 점에서 아예 근거 없는 이야기는 아니겠지만, 여기에는 궁극적으로 가토 기요마사의 용맹성을 부각하려던 후대 일본인들의 의도가 짙게 반영되어 있다.

대다수의 일본 장수들이 그랬듯, 가토 기요마사도 전쟁 초반을 제외하면 눈에 띄는 전공을 쌓지 못했다. 오히려 전쟁 후반에는 처절한 공성전攻城戰을 이어갔는데, 정유재란 당시 곽재우의 반격으로 패한 뒤 울산에 왜성倭城을 쌓고 버텼던 것이다. 보급조차 끊긴 상태에서 성에 고립된 가토 기요마사 부대는 아군의 시체를 뜯어 먹고 말의 피를 마시면서 극한의 농성을 벌였다. 이때의 경험은 훗날 가토 기요마사가 일본에서 3대 요새로 명성이 높은 구마모토熊本성을 쌓는 밑거름이 된다. 울산왜성에서 식수 부족의 악몽에 시달렸던 탓인지 그는 구마모토성을 조성하는 과정에서 120개나 되는 우물을 팠으며 비상식량으로 대용할 수 있는 것들을 성 안에 비치하기도 했다. 울산왜성으로로부터 멀리 떨어진 일본의 구마모토성에 임진왜란의 기억이 배어 있는 셈이다.

고니시 유키나가와 가토 기요마사는 오래전부터 앙숙으로 유명했다. 특히 고니시 유키나가와 가토 기요마사의 영지가 서로 붙어 있어 경쟁 구도가 더욱 심화되었다. 가토 기요마사가 영지 내 가톨릭 신자를 탄압하자 고니시 유키나가가 이들을 받아들이면서 둘 사이에 알력 다툼은 시작되었다. 이들의 라이벌 관계는 두 사람이 조선 침략의 선봉장으로서 전공 경쟁을 벌이며 더욱 치열해졌고, 급기야 고니시 유키나가가 가토 기요마사의 상륙 정보를 조선에 흘리는 사태에 이르게 된다. 물론 고니시 유키나가가 조선을 겨냥해 공작을 편 것인지, 정말로 가토 기요마사를 제거하려고 의도한 일인지는 분명하지 않다. 그러나 조선 조정이 그 정보를 믿고 이순신에게 출병을 명했던 것을 보면 두 사람의 앙숙 관계가 조선에까지 널리 퍼져 있었음을 알 수 있다.

임진왜란이 끝나고 일본에서 또 다른 내전이 벌어지면서 두 라이벌의 운명은 극적으로 갈리게 된다. 도요토미 히데요시 사후 일본의 패권을 두고 벌어진 세키가하라關ヶ原 전투때 고니시 유키나가는 도요토미 히데요리의 편인 서군西軍에, 가토 기요마사는 새로운 패자를 꿈꾸던 도쿠가와 이에야스의 편인 동군東軍에 섰다. 동군의 압도적인 승리로 전투가 끝나면서 고니시 유키나가는 처형되고 가

토 기요마사는 일본에서도 손꼽히는 대규모 영지를 보유한 다이묘로 성장하게 된다. 두 라이벌의 운명은 일본의 천하를 가르는 전장 속에서 상반된 길로 향했던 것이다.

세키가하라 전투에서 패배한 고니시 유키나가는 패장에게 관행처럼 요구되던 할복을 거절하여 갖은 굴욕을 겪은 것으로 알려져 있다. 가톨릭 신자였던 그에게 자살은 죄악이었지만 당시만 해도 일본에서 패배한 무사가 할복을 거절한다는 것은 있을 수 없는 일이었다. 가톨릭 신자임에도 조선을 유린하는 데에 거리낌이 없던 일본의 다이묘가 정작 죽음 앞에서 신앙을 지키려고 했던 모습은 많은 생각을 자아내게 한다. 한편 가토 기요마사는 도쿠가와 이에야스에게 합류해 승승장구했지만 그가 죽은 뒤 가토 가문은 도쿠가와 이에야스의 손에 몰락하게 된다.

03
조선의 바다에는
그가 있었다

임진왜란이 일어나기 1년 전인 1591년 2월, 전라도 여수의 전라좌수영. 최근 들어 고속 승진을 거듭하던 한 장군이 전라도의 동쪽 바다 전반을 책임지는 전라좌도 수군절도사(전라좌수사)로 새로이 부임해왔다. 그의 이름은 이순신李舜臣, 나이는 46세였다.

'조선의 바다를 지킨 무패의 장수'라는 강렬한 이미지 덕분인지, 이순신은 수군만 지휘했을 것이라고 생각하는 사람들이 적지 않다. 사실, 이순신이 장수로서 처음으로 명성을 떨친 곳은 여진족과 대치하던 북방의 험지였다. 여진족이 오랜 유목 생활로 기마전에 강했다는 점을 감안하면, 이들을 상대로 전공을 올린 이순신은 기병을 운용하는 데에도 분명

능숙했을 것이다. 무관이 된 이후 이순신이 여러 보직을 두루 섭렵하며 터득한 경험은 훗날 그를 임진왜란의 영웅으로 만든 밑거름이 되었다.

우리에게는 이순신이 위대한 장수로 알려져 있지만 본래 그는 문관文官의 길을 가고자 했다. 이를 반증하듯 이순신은 글쓰기와 시조에 능했고 『난중일기亂中日記』라는 걸출한 작품을 남기기도 했다. 20세의 나이로 혼인한 뒤 이순신은 무관 출신인 장인의 영향을 받아 무과 시험을 준비하기 시작했다. 첫 시험에서 그는 낙방의 쓴맛을 보았는데, 말에서 떨어지는 사고로 다리가 부러졌음에도 버드나무 가지로 다리를 동여매고 끝까지 시험을 치렀다는 유명한 일화가 전해진다.

무예를 갈고닦아 무과에 다시 도전한 이순신은 1576년 31세의 나이로 급제하여 무관武官의 길을 걷게 된다. 이순신은 함경도의 오지에서 말단 관리직인 권관權管으로 3년을 보낸 뒤에 한양으로 돌아와 훈련원봉사訓鍊院奉事로 재직하다 충청도로 임지를 옮겨갔다. 그리고 1580년 전라도 발포의 만호萬戶직에 임명되면서 이순신은 수군으로서 첫발을 내딛게 된다. 발포 만호로 근무하던 시절, 그는 직속상관으로부터 거문고를 만들고자 하니 부대 안의 오동나무를 베어 오라는 명령을 받았다. 이에 이순신은 "관아 안의 모든 것은 국가의 재산이기 때문에 불가합니다"라며 명령을 거부해 상관의 미움을 사게 된다. 이순신의 강직한 성품이 드러나는 대목이다.

본격적으로 관직에 나선 이순신의 앞에 놓인 길은 결코 순탄하지 않았다. 이순신이 함경도 조산에서 만호로 있을 때였다. 여진족의 기습으로 100여 명이 넘는 조선인이 포로로 잡혀가자(녹둔도 전투), 이순신은 소수의 정예병을 이끌고 역습하여 포로의 절반가량을 되찾아왔다. 그러나 조선 조정에서는 녹둔도 전투의 패배를 문책하며 이순신의 직위를 해제하고 백의종군하라는 명을 내렸다. 어쩌면 이때부터 백의종군은 이순신의 삶 깊숙이 자리 잡았던 것이 아니었나 싶다.

갖은 우여곡절을 겪으며 여러 지역에 부임하기를 10여 년, 이순신과 조선의 앞날을 결정짓는 운명의 순간이 찾아왔다. 일본의 심상치 않은 분위기를 감지한 조선 조정에서 유능한 장수들을 발탁하기 시작했고, 이순신은 류성룡柳成龍의 추천에 힘입어 파격적인 승진을 거듭하게 된다. 그리고 1591년 이순신이 전라좌수사로 부임했다. 임진왜란이 발발하기 전까지 1년 동안 이순신은 체계적인 군사 훈련을 통해 전열을 정비했으며 전란에 대비하여 병선을 제조하고 군비를 확충해나갔다. 그렇게 이순신이 이끄는 전라좌수영은 철저한 준비 끝에 임진왜란 중 조선의 바다를 지켜낸 최후의 보루로 자리매김할 수 있었다.

임진왜란의 발발과 동시에 속수무책으로 패퇴를 거듭했던 조선의 육군과 달리, 수군은 비교적 차분하게 전쟁에 임하고 있었다. 전라좌수사로 부임한 이래 철저하게 전란에 대비했던 이순신의 노력이 빛을 발한 것이다. 왜적의 침입 소식을 들은 이순신은 즉시 전투태세를 갖추고 작전 회의에 돌입했다. 1592년 5월 4일, 이순신이 이끄는 전라좌수영의 수군은 첫 출정에 나섰다. 본래는 전라우수사 이억기李億祺도 합류하기로 했으나 약속을 지키지 않았고, 구원을 요청했던 경상우수사 원균元均은 경상우수영의 거의 모든 판옥선을 제 손으로 침몰시켜버린 상태였다. 결국 이순신은 전라좌수영의 병력만 이끌고 단독으로 출정할 수밖에 없었다. 5월 7일, 이순신과 전라좌수영의 수군은 옥포(경상도 거제) 앞바다로 나아가 도도 다카토라藤堂高虎의 부대를 포위하고 맹렬하게 포격을 가했다. 그리고 26척의 적선을 침몰시키는 데에 성공하니 이것이 옥포 해전이다. 옥포 해전의 승리를 기점으로 패퇴를 거듭하던 조선군에는 작은 희망이 싹트기 시작했다.

이순신과 조선 수군은 여세를 몰아 합포(경상도 마산)와 적진포(경상도 고성)에서도 적선을 격파했다. 전라좌수영으로

이순신 함대의 두 번째 출정.

귀선이 처음으로 전투에 출격한다.

막강한 기동력과 화력, 귀선은 존재만으로 일본군을 압도했다.

그리고 이순신 장군이 처음으로 전투에서 총상을 입었다.

적의 사정거리 안에 놓일 정도로

이순신은 적진에 가까이 돌격하여 전황을 지휘했던 것이다.

그가 맞이한 최후의 순간 또한 이와 다르지 않았다.

귀환하여 전열을 재정비한 이순신은 5월 29일에 2차 출정을 감행, 사천(경상도 삼천포)과 당포(경상도 통영)에서 또다시 적을 물리치는 데에 성공했다(사천 해전·당포 해전). 이 두 번째 출정은 이순신과 임진왜란 해전海戰에 있어서 특별한 의미를 지닌다. 하나는 이순신이 처음으로 전투에서 총상을 입었다는 점이며, 다른 하나는 거북선, 즉 귀선龜船이 처음으로 실전에 투입되어 그 위용을 과시했다는 점이다.

막강한 기동력과 화력을 앞세워 그 존재만으로 일본군을 압도했던 귀선은 임진왜란 당시 조선 수군이 거둔 위대한 승리의 상징이자 조선의 바다를 지킨 수호신이었다. 더욱 놀라운 사실은 임진왜란이 발발하기 하루 전에 귀선이 완성되었다는 점이다. 임진왜란이라는 거대한 전쟁의 향방을 바꾼 해전의 선봉에 섰던 귀선의 극적인 탄생은 그 자체만으로 이 전쟁이 향후 어떻게 전개될 것인지를 예고하고 있었다. 함대의 총사령관이었던 이순신이 일본군의 총탄에 맞았다는 것도 눈여겨볼 지점이다. 지휘관의 성향에 따라 약간의 차이는 있겠지만, 당시만 해도 대장선은 전장의 후방에서 지휘를 맡는 것이 일반적인 상식이었다. 그러나 이순신은 적의 사정거리 안에 놓일 정도로 적진에 가까이 돌격하여 전황을 지휘했던 것이다. 그가 맞이한 최후의 순간 또한 이와 다르지 않았다.

사천 해전과 당포 해전에서 연승을 거둔 이순신 함대는 전라우수사 이억기의 부대가 합류하면서 더욱 강력한 면모를 과시했다. 이후 당항포(경상도 고성)와 율포(경상도 거제)에서도 연이은 승리를 거두면서 제해권을 점차 확보해나갔다(당항포 해전·율포 해전). 사천 해전에서부터 율포 해전까지 조선 수군이 격파한 왜선은 80여 척에 이르렀다. 물론 그중에는 전함뿐 아니라 소규모 전선, 수송선 등도 포함되어 있기 때문에 단순히 숫자만으로 일본군의 피해 규모를 과장하기에는 무리가 있다. 그럼에도 불구하고 일본 육군이 승승장구하던 것과 다르게 일본 수군은 경상도 바다를 조금도 넘어서지 못하고 있었다.

일본의 고민은 깊어졌다. 전황이 고착되면 이미 서해안으로 진입한 일본 수군 일부가 고립될 뿐 아니라 물자 보급에 차질을 빚을 것이 당연했다. 조선의 수도인 한양은 물론이고 개성과 평양 등 임진왜란의 주요 격전지는 모두 한반도의 서쪽에 몰려 있어 일본은 처음부터 해상 보급을 계획했다. 이는 곧 육상 보급은 어렵다고 판단했다는 뜻인데, 당시 일본이 조선에 전초기지로 삼은 경상도에서 육로로 물자를 보급하려면 추풍령, 조령, 죽령 같은 험난한 고개를 거쳐야 했기 때문이다. 그러나 일본군이 넘어야 할 고개는 지형만이 아니었다. 곳곳에서 조선의 의병들이 궐기하고 있던 것이다.

고민에 고민을 거듭하던 일본은 결국 전라좌수영을 중심으로 한 조선 수군의 연합함대*를 격파하기로 결심한다.

---

* 전라도 여수를 본영으로 삼은 전라좌수영 외에 전라우수사 이억기가 이끄는 전라우수영이 상당한 병선과 병력을 이끌고 합류했고 원균의 경상우수영 또한 형식적으로나마 연합함대의 한 축을 이루고 있었다. 이러한 편제에 변화가 일어나게 된 것은 후에 이순신이 삼도수군통제사로 조선 수군의 총사령관에 오르고 난 뒤의 일이다.

04
학의 날개로 적을 포위하라 :
한산도 대첩

임진왜란의 발발과 동시에 함락
된 이래 부산은 일본군의 소굴이나 다름없었다. 부산은 쓰시
마섬을 통해 일본 본토와 소통할 수 있는 최적의 지역이었
기 때문이다. 일본의 수군 또한 부산에 본거지를 두고 거제
도 해안 인근에서 활동하고 있었다. 제 집 드나들 듯 조선의
바다를 종횡무진하던 일본 수군은 옥포 해전과 적진포 해전,
합포 해전에서의 연패로 발이 묶이고 뒤이어 사천과 당포 등
지에서도 밀려나게 되면서 그 활동 반경이 거제도와 부산으
로 제한되고 말았다. 말하자면 일본 수군은 본진이나 다름없
던 거제도의 앞바다에서 급습을 당한 것도 모자라 먼 바다에
서의 싸움에서도 패배하여 동쪽으로 쫓기는 형편이었다. 더

구나 이 일대는 다도해多島海라고 불릴 만큼 섬이 많고 물길이 좁아 조선의 지리에 어두운 일본 수군이 활동하기에 어려움이 많았다. 결국 도요토미 히데요시는 조선 수군과의 일전을 통해 바닷길을 다시 확보할 것을 지시하게 된다.

도요토미 히데요시의 명령에 따라 해전으로 명성이 높은 구키 요시타카九鬼嘉隆, 와키자카 야스하루脇坂安治, 가토 요시아키加藤嘉明 등의 장수들이 소집되어 조선 수군의 연합함대에 맞설 준비를 시작했다. 그러나 한 지방의 영주로서 각자 병력을 지휘해왔던 이들 사이에 공조는 쉽지 않았다. 특히 와키자카 야스하루는 이순신과 조선 수군을 얕잡아보고 있었는데, 그의 과신은 전쟁 초반에 일본 수군을 이끌고 서해안으로 나아가 조선군을 격파했던 경험에서 비롯된 것이기도 했다. 그렇게 자신감에 가득 찬 와키자카 야스하루는 단독으로 조선 수군과의 일전에 나섰다.

이순신이 이끄는 조선 수군은 치밀한 정보 수집을 통해 일본군에 맞설 준비를 했다. 일본 수군의 함대가 거제도 북쪽의 좁은 내해에 정박해 있는 것을 확인한 이순신은 이들을 큰 바다로 유인해 섬멸하는 작전을 세웠다. 앞선 전투에서처럼 항구에 정박한 적선들을 향해 화력을 집중하다가는 자칫 조선의 전함들이 좁은 물길에서 서로 엉켜 자멸할 우려가 있었다. 좁은 곳에 틀어박힌 적군을 넓은 곳으로 유인하여 일제히 섬멸한다는 이 작전은 얼핏 간단해 보이지만, 바다 위에서 배를 타고 싸워야 하는 상황을 감안하면 결코 쉽지 않은 선택이었다. 당시의 배는 인력과 풍력에 의존했기 때문에 기동력이 매우 제한되었고 물길이 좁은 곳에서는 그 어려움이 배가되었다. 고도로 숙달된 지휘 체계와 훈련된 병사가 뒷받침되지 않으면 적의 유인뿐 아니라 진법의 전개와 공격 모두 불가능에 가까운 일이었다.

이순신의 대담한 작전은 승전의 경험에 도취된 와키자카 야스하루를 정확히 겨냥했다. 조선 수군의 유인 작전에 말려든 와키자카 야스하루는 수십 척의 함선을 이끌고 좁은 내해를 나섰다. 이내 조선의 함선이 자취를 감추자 와키자카 야스하루는 이를 후퇴로 착각하고 거침없이 전진하여 거제도 남쪽의 한산도 앞바다에 이르렀다. 한산도 인근에 미리 자리를 잡고 있던 조선 수군은 학익진鶴翼陣을 전개하여 와키자카 함대를 포위한 뒤 총포 세례를 퍼부었다. 왜선 73척 중 59척이 분멸되고 일본 수군은 제대로 저항해보지도 못한 채 대패했다. 와키자카 야스하루는 화살을 맞고 배에서 떨어졌는데 이후 10여 일간 무인도에서 미역을 뜯어 먹으며 연명하다 간신히 탈출에 성공했다. 함대를 이끌었던 지휘관이 이 정도였으니 휘하에 있던 일본군의 피해는 말할 것도 없었다. 1592년 7월 8일, 한산도 대첩에서 조선 수군이 대승을 거두는 순간이었다.

한산도 대첩의 승리는 고도로 훈련된 조선의 수군, 전함과 화포의 위력, 그리고 지형을 잘 이용한 이순신의 전술이 빚어낸 결과였다. 학익진은 마치 학의 날개처럼 적을 둥글게 포위하여 화력을 집중시키는 전법이다. 소수의 병력으로도 적에게 큰 타격을 줄 수 있다는 장점을 지니고 있지만, 적을 포위하기 위해 병력을 넓게 포진시켜야 해서 진형이 흐트러질 경우 자칫 아군이 격파될 수 있다는 단점도 있었다. 와키자카 야스하루 또한 조선 수군이 학익진을 펼치자 중앙을 돌파하여 진형을 와해시키려 했는데, 만약 이 작전이 성공했다면 마치 학의 날개가 찢어지듯 조선 수군은 무너졌을지도 모른다. 그러나 조선 수군은 거듭된 훈련을 바탕으로 적재적소에 뱃머리를 돌려 전함 양쪽의 화포를 번갈아 사용함으로써 일본군의 공세에 대응했다. 이순신의 보고에 따르면, 한산도 대첩에서 조선 수군이 입은 피해는 전사자 3명, 부상자 10명에 그쳤다. 그야말로 대첩大捷이라는 이름에 걸맞은 완벽한 승리였다.

한산도 대첩에서 대승을 거두고 이틀이 지났을 때, 가덕도로 향하던 이순신의 함대는 안골포(경상도 창원)에서 구키 요시타카와 가토 요시아키가 이끄는 일본군과 맞섰다. 와키자카 부대의 패전 소식에 충격에 빠진 구키 요시타카와 가토 요시아키는 좁디좁은 안골포 앞바다에서 수비 태세만 취하고 있었다. 그러나 이순신의 지휘 아래 여러 장수들이 번갈아 포구 안을 드나들면서 적선을 향해 총포를 쏘아대자 결국 일본군들도 응전하기 시작했다. 화살과 총포가 빗발치는 치열한 전투 끝에 조선 수군은 또다시 승리를 거두었다(안골포 해전).

안골포 해전에서 조선 수군이 직접 목을 벤 일본군의 숫자는 250명에 이르렀고 익사한 일본군은 헤아릴 수 없을 정도로 많았다. 조선 수군의 피해도 적지는 않았는데, 전사자 19명, 부상자 100여 명으로 개전 이래 최대의 피해를 기록했다. 안골포 해전을 기점으로 일본 수군은 사실상 이순신이 이끄는 조선 수군을 상대할 의지를 잃고 말았다. 이후 이순신 함대는 4차 출정을 통해 1592년 8월 말에서 9월 초에 걸쳐 일본군의 본거지인 부산 앞바다까지 진격하여 포격을 쏟아부었고 일본 수군의 기세를 완전히 꺾어버렸다. 그렇게 남해 바다는 비로소 조선의 품으로 돌아올 수 있었다.

이순신과 조선 수군의 승리는 그 자체로도 값진 결과였

조선 수군의 화포 장전은 다음과 같이 이뤄졌다.

1. 통 안을 쓸고 씻는다.

2. 점화선을 넣는다.

3. 화약을 넣는다.

4. 종이로 화약을 덮는다.

5. 나무자루로 화약과 종이를 가볍게 쳐서 다진다.

6. 총구로 격목을 넣는다.

7. 나무자루로 힘껏 쳐서 격목을 화약 바로 앞으로 넣는다.

8. 납탄환을 넣고 흙을 넣는다.

9. 힘으로 쳐서 큰 탄환을 넣는다.

지만 동시에 임진왜란이라는 전쟁의 물줄기를 돌려놓을 만큼 위대한 성과였다. 이순신과 조선 수군이 굳건하게 바다를 지키고 있던 탓에 일본의 보급 전략에는 큰 차질이 생겼고 육로로 이동 중인 수많은 일본군은 심각한 식량난에 빠지게 된다. 기세 좋게 평양까지 점령했던 고니시 유키나가가 이후 고전을 면치 못한 배경에도 후방으로부터 보급이 원활하지 않았던 사정이 있었다. 일본군은 유사시 조선의 농작물을 징발한다는 단순한 계획을 가지고 있었지만 1593년 조선 전역을 휩쓴 기근으로 점차 피폐해지고 있었다.

05
조선의 선비들이
붓 대신 칼을 든 이유

　　임진왜란 초반, 조선의 운명은 바람 앞의 등불과 다름없었다. 조선군은 연이은 패배로 궤멸 직전이었고 선조의 피란 행렬은 국경에 인접한 함경도 의주에까지 이르렀다. 그러나 두 가지 희망의 불씨가 피어오르며 상황은 조금씩 반전되기 시작했다. 하나는 남해 바다를 지키고 있던 이순신과 조선 수군이었으며, 다른 하나는 각지에서 들불처럼 일어난 의병이었다.

　　전란 상황에도 조선 조정이 제대로 된 대처를 하지 못하고 임금과 함께 피란 행렬에 동행하면서 조선은 사실상 무정부 상태가 되어버렸다. 조직과 명령 체계는 붕괴되었고 임금과 조정의 권위는 어디에서도 찾기 힘들었다. 이를 타

개해보고자 선조와 조정 신료들은 광해군을 세자로 급히 책봉하여 분조分朝를 이끌게 하고 민심을 수습하도록 했지만 정작 주요 격전지였던 한양과 삼남 지방에는 그 손길이 채 미치지 못했다. 그렇게 온 나라가 구심점을 잃고 표류하고 있을 때 나선 이들이 있었으니. 각지에 터를 잡고 있던 유생들이었다.

　　의병은 우리에게 익숙한 존재이다. 나라가 존망의 기로에 섰을 때 누구의 지시도 받지 않고 스스로 들고일어나 죽음을 각오하면서 나라를 지키는 데에 앞장선 민족정신의 상징과도 같은 존재가 바로 의병이다. 임진왜란 시기의 의병도 이와 다르지 않았다. 나라가 위기에 빠지고 백성들이 연일 죽임을 당하는 상황에서 이들은 자신의 고장을, 나아가 나라를 지키기 위해 세력을 모아 왜적에 대항했다. 이때 의병의 궐기와 항쟁을 주도했던 의병장의 대다수는 명망 있는 선비들이었다. 신형 무기와 실전 경험으로 무장한 일본군을 대항하기에 이들은 능력도, 무기도 부족했음에도 오직 의로움을 부르짖으며 들고일어났다. 의병의 존재는 조선의 선비들이 단지 나약한 존재만은 아니었음을 보여준다.『조선왕조실록』에는 임진왜란 당시에 붓 대신 칼을 들고 의병 운동에 뛰어든 선비들의 이야기가 실려 있다.

여러 도道에서 의병이 일어났다. 당시 전라, 경상, 충청 3개 도의 수신帥臣*들은 모두 민심을 잃은 데다가 변란이 일어난 뒤에 군사와 식량을 징발하니 사람들이 모두 미워했으며, 적을 만나기만 하면 패하여 달아났다. 그러다가 도내의 거족巨族, 명망 있는 유생 등과 함께 조정의 명을 받들어 의로움을 외치며 일어나자 듣는 사람들이 격동하며 뜻을 함께하였다. 비록 큰 성과를 얻지는 못했으나 민심을 얻었으므로 국가의 명맥이 그들 덕분에 유지되었다. 호남의 고경명高敬命과 김천일金千鎰, 영남의 곽재우郭再祐와 정인홍鄭仁弘, 호서의 조헌趙憲이 가장 먼저 의병을 일으켰다. 관군과 의병은 서로 갈등을 일으켰고 수신들이 대개 의병장과 화합하지 못하였다. 다만 초토사招討使 김성일金誠一은 요령껏 이들을 조화시킨 덕분에 영남의 의병이 패하여 죽은 자가 적었다.

— 『선조수정실록』 26권, 선조 25년(1592) 6월 1일

유생들을 중심으로 한 의병 활동은 임진왜란 당시에도 큰 주목을 받았다. 개중에는 청주성 탈환에 성공한 조헌趙憲의 의병대처럼 정규전에 준하는 성과를 거두는 경우도 있었다. 그러나 의병들이 일군 가장 중요한 성과는 후방에서 일

---

* 도의 방어를 책임지는 병마절도사와 수군절도사를 일컫는다.

본군을 교란하여 보급로를 차단하고 일본군의 전력이 집중되는 것을 막았다는 점에 있었다. 임진왜란 초반에 일본군은 스스로 놀랄 만큼 무서운 속도로 전진을 거듭했는데 필연적으로 이는 후방을 안정시키지 못하는 결과를 불러왔다. 아무리 조선에 쳐들어온 일본군의 수가 많았다고 해도 전투를 지속하면서 점령 지역까지 완벽하게 통제하기란 불가능에 가까웠다.

의병은 일본군의 이러한 약점을 파고들었다. 각지에서 궐기한 의병들은 일본군이 알기 어려운 지리적 정보를 손에 쥐고 있었고, 이를 바탕으로 후방에서 게릴라전을 이어가며 일본군을 교란시켰다. 임진왜란 초반에 결집한 조선 의병의 규모는 정확하게 알 수는 없으나 여러 기록을 살펴볼 때 대략 2만 명 정도로 파악되는데 일본군의 입장에서는 결코 무시할 수 없는 전력이었다. 임진년의 의병들은 무력 항쟁 외에도 여러 역할을 해냈다. 무정부 상태나 다름없는 전시의 조선에서 백성들을 이끌며 최소한의 질서가 유지되도록 힘쓴 것이 그중 하나였다.

임진왜란 시기의 의병 활동에는 한 가지 흥미로운 지점이 있다. 의병의 궐기는 의병장의 강한 의지와 명성에 힘입어 백성들이 자발적으로 참여했기 때문에 가능했다. 그런데 백성들은 정작 임금이 임명한 병마절도사와 수군절도사의 징집 명령에는 불만을 품고 있었다. 공식적인 명령과 지휘 체계에는 불복한 채, 공권력에서 한 발 물러나 있던 선비들의 휘하로 몰려든 것이다. 이렇듯 나라와 임금을 향한 충의忠義의 상징처럼 여겨지는 의병 활동의 뒤에는 조정과 관료에 대한 불신이라는 아이러니가 숨어 있었다. 그리고 의병들은 충성과 의로움 중에 의로움을 택하고 앞세웠다. 물론 이들이 나라와 임금을 향한 충성을 완전히 내버렸다고 볼 수는 없다. 다만 병력이 소집되었음에도 때맞춰 나타나지 않은 장수들, 전함을 제 손으로 침몰시키고 도주하기 급급했던 지휘관에 대한 불만과 질시가 팽배해 있던 것은 분명했다.

임금이 임명한 장수와 관료의 부름에는 쉽게 응하지 않던 민심이 지역의 명망 있는 선비와 유생들에게 쏠린 배경에는 각지에 터를 잡고 유교 문화를 뿌리내린 사림士林이 있었다. 조선의 선비들은 성리학 이념의 실천을 설파하며 오랜 기간에 걸쳐 백성들의 교화에 힘써오고 있었다. 더불어 선비들이 지닌 경제적 기반도 이들의 영향력을 뒷받침했다. 농업 국가였던 조선에서 경제적 기반은 다름 아닌 농지였으며, 농지에서의 생산 활동은 필연적으로 경작에 필요한 인력에 의존할 수밖에 없었다. 토지를 소유한 사족士族들은 이를 경작하는 많은 농민들과 경제적 관계를 맺고 있었고, 이들에게 유교적 가르침을 전하며 물질적으로나 정신적으로 강력한 영향력을 행사했다.

지역에 기반을 다진 명망 높은 사족과 유생들은 임금의 명을 받고 각지에 부임한 수령들도 함부로 무시할 수가 없었다. 그리고 임진왜란 당시 의병장 대부분은 망국의 위기와 자신의 고장이 유린될 위기에 맞서 들고일어난 지역의 선비들이었다. 『조선왕조실록』에서 "관군과 의병은 서로 갈등을 일으켰고 수신들이 대개 의병장과 화합하지 못하였다"라고 언급한 데에는 이러한 배경이 깔려 있던 것이다. 이처럼 유교 경전을 일독하고 효와 충을 논하던 선비들이 전란을 맞아 칼을 차고 앞다퉈 나섰던 저변에는 유교적 충의 정신만으로 포장할 수 없는 선비들의 이해관계가 있었다.

조선의 왕을 굴복시켜 명나라 정벌이라는 원대한 꿈을 실현하려던 도요토미 히데요시, 그의 야욕에 합세해 조선의 땅에서 마구잡이로 살육전을 벌이던 일본의 지휘관들, 그리고 바다와 육지에서 이들에게 반격을 가하는 조선 수군과 의병이 만나면서 임진왜란의 전황은 요동치고 있었다. 동시에 이 전쟁의 향방을 좌우할 거대한 힘이 몰려오고 있었으니, 바로 명나라의 원병이었다.

퇴계 선생의 두 수제자,
류성룡과 김성일

柳成龍
金誠一

임진왜란을 논할 때 한 번쯤 이름은 들어봤지만 그 진면목은 잘 알려져 있지 않은 두 사람이 있다. 임진왜란의 일등공신이자 명재상으로 꼽히는 서애西厓 류성룡柳成龍, 그리고 전쟁 가능성에 대한 오판으로 크게 지탄받은 학봉鶴峰 김성일金誠一이다. 서로 이미지는 엇갈리지만 이들은 임진왜란 이전부터 조선을 이끌던 이름난 문인이었고 남다른 인연으로 얽혀 있었다. 류성룡과 김성일의 생애를 통해 임진왜란 전후 조선의 모습을 살펴보자.

류성룡은 이순신, 권율과 함께 임진왜란에서 빼놓을 수 없는 영웅으로 꼽힌다. 임진왜란 당시 좌의정이었던 그는 전쟁이 발발하자 죽음을 무릅쓰고 선조를 따르며 의주까지 피란길을 이끌었고, 이후 영의정에 올라 전쟁의 수습과 군비 조달, 내정 모두를 총괄하는 중추적 역할을 수행했다. 더불어 후환을 경계하기 위해 『징비록懲毖錄』이라는 책을 저술했는데, 전쟁의 중심에 있던 류성룡이 직접 겪은 것을 기록한 문헌이라는 점에서 지금까지도 임진왜란 연구에 중요하게 활용되고 있다.

극한 상황에서 전쟁을 수습하여 승리로 이끌고 그것을 기록으로 남겨 임진왜란과 같은 후환을 경계하도록 한 현명한 재상. 이것이 임진왜란을 통해 우리가 알고 있는 류성룡의 이미지이다. 사실 류성룡은 유능한 관료이기 전에 조선의 대표적인 사림이었다. 그는 뛰어난 학식으로 과거에 급제하여 관직 생활을 했던 동시에, 퇴계退溪 이황李滉의 문하생으로서 학파를 계승하며 후배를 양성하는 등 전형적인 선비의 길을 걸었다.

경상도의 명문가에서 태어난 류성룡은 어려서부터 남다른 재능으로 명성이 자자했는데, 21세의 나이에 당대 최고의 유학자인 이황의 제자로 들어가 학업에 매진했다. 이황의 밑에서 공부한 기간이 그리 길지 않았음에도 류성룡은 이황의 수제자로 인정받았고, 이를 기점으로 이황의 문인들이 주축이 된 동인東人의 주요 인물로 활약하게 된다. 류성룡은 이순신과 어린 시절부터 각별한 친분을 유지하기도 했다. 그것이 인연이 되어 류성룡이 이순신을 수군의 요직에 강력히 추천하면서 훗날 이들은 각각 조정과 바다에서 조선을 지켜낸 영웅이 된다.

24세의 젊은 나이에 과거에 급제한 류성룡은 조정의 요직을 두루 거치며 승승장구하다 전쟁을 2년 앞둔 1590년에 우의정의 자리에 올랐다. 뒤이어 선조의 특명으로 병조판서를 겸임하면서 군사 업무를 총괄하게 되었고, 그해 이순신이 전라좌수사에 임명되었다. 류성룡이 발탁한 인물은 이순신만이 아니다. 임진왜란의 또 다른 영웅으로 꼽히는 권율도 류성룡의 천거로 군사 요직을 두루 거쳤다. 그 당시 병조판서 자리에 류성룡이 없었다면 바다를 제패한 이순신의 활약이나 권율이 일군 행주 대첩의 승리는 없었을지도 모른다. 류성룡이 임진왜란을 승리로 이끈 명재상으로 꼽히는 이유는 재상의 임무, 즉 임금을 보필하고 능력 있는 인재를 발탁하고 천거하는 기본 역할을 가장 잘 수행했기 때문일 것이다.

류성룡은 전쟁이 끝날 때까지 영의정으로서 조정 일선에서 전쟁의 수행을 지원하는 한편, 명나라와 협의하여 전쟁의 방향을 조율하는 역할도 도맡았다. 전시에도 조선 조정 내에 당쟁이 끊이지 않았음을 떠올리면, 그 와중에도 영의정 자리를 유지해온 류성룡의 존재감은 실로 대단한 것이었다. 그러나 전쟁이 막바지에 다다르자 류성룡도 당쟁의 화살에서 자유로울 수 없었다. 1598년 말 이순신이 전사한 뒤 류성룡은 영의정에서 물러났고 고향으로 돌아가 후학 양성에 힘쓰다 1607년 세상을 떠났다. 말년의 류성룡은 조정에서 치열한 격무와 당쟁의 여파에 휩쓸리는 재상이 아닌, 퇴계학파의 학맥을 잇고

서원에서 학문과 교육에 힘쓴 선비 본연의 모습이었다.

　약간의 부침은 있었지만 최고의 관직에 오르고 사후에 시호까지 받는 등 화려한 삶을 살았던 류성룡과 달리, 김성일은 단 한 번의 오판으로 많은 공적이 전부 덮인 채 후대에 낙인찍힌 인물이었다. 그러나 김성일은 류성룡 못지않게 학자이자 관료로서 충실하게 살아왔을 뿐 아니라 자신의 오판을 만회하기 위해 전쟁터에서 활약하다 생을 마감했다. 무엇보다 그는 류성룡과 쌍벽을 이루는 퇴계 이황의 수제자로서 후대 영남학파에 큰 영향을 끼친 뛰어난 학자였다.

　1538년에 태어난 김성일은 진사시에 합격한 뒤 성균관에 나아가기까지 고향인 안동에서 퇴계 이황의 제자로 학문을 연마했다. 김성일은 류성룡보다 나이도 4살 많았고 더 일찍 이황의 문하로 들어가 학업을 이어갔으며, 이황을 가까이에서 섬겨온 터라 퇴계학파 내에서는 류성룡보다 명성이 높았다. 이른 나이에 과거에 급제하여 요직을 두루 거친 류성룡과는 달리, 김성일은 늦은 나이까지 안동에 머물며 학업에 매진했으며 과거 급제 이후에도 부친의 삼년상을 지내느라 관직에 바로 나아가지 않았다. 이러한 경험은 김성일이 중앙의 격무에 시달리는 대신에 학문에 깊이를 더하는 배경이 되었을 것이다.

　학문으로 명성이 높았던 김성일은 상대적으로 낮은 관직에도 불구하고 통신사부사로 낙점되었고 문제의 발언을 했다. 그가 왜 도요토미 히데요시를 얕잡아보고 전쟁 가능성을 낮게 보았는가에 대해서는 여러 의견이 있다. 일설에 따르면 류성룡과의 대화에서 김성일이 전쟁의 기미는 포착했으나 민심의 동요를 막기 위해 일부러 전쟁 가능성을 축소했음을 밝혔다고 한다. 다만 전쟁에 대비하기 위한 토목 공사에 끝끝내 반대했던 것을 보면 군비 확장을 경계하는 유학자 특유의 시각이 그의 오판을 이끌어냈을지도 모른다.

이유야 어찌되었든 김성일은 선조 앞에서 전쟁 가능성을 부정하는 발언을 쏟아냈고, 그로부터 1년 뒤에 전쟁이 일어나자 그 책임을 물어 파직되었다. 당시 김성일이 맡고 있던 직책은 경상도 서부의 방어에 관여하는 경상도우병사였다. 그러나 전시에 현지 상황에 밝은 지휘관을 바꾸는 것은 여러모로 부담이 있기 마련이다. 결국 류성룡의 구원으로 김성일은 초유사招諭使의 직책을 맡아 민심 수습과 군비 모집, 지원 업무를 수행하게 된다. 치명적인 오판으로 전쟁의 책임을 물어야 마땅하지만, 영남 지역에 드높은 명성과 경상도 우병사를 지내며 쌓은 역량으로 못다 한 책무를 수행하라는 일종의 속죄의 무대가 마련된 것이다.

김성일은 초유사로서 주어진 역할을 성공적으로 수행해냈다. 곽재우를 비롯해 경상도 일대에서 불꽃처럼 일어난 의병장들은 대부분 유생 출신이었으며, 때때로 이들은 서로 간에 또는 관리들과 충돌을 일으키고 있었다. 이때 김성일은 이들 사이를 중재하고 초유사로서 물자를 수습하여 의병들에게 지원을 아끼지 않았다. 아울러 경상도 서부의 요충지였던 진주성의 전략적 가치를 파악하고 일본군의 침입 움직임에 전라도 지역의 의병을 요청하면서 진주 대첩의 발판을 마련하기도 했다. 그러나 55세에 접어든 김성일은 격무를 이기지 못하고 진주 대첩 직전 숨을 거두고 만다. 만일 그가 조금 더 살아서 진주 대첩의 승리에 일조하고 전쟁의 수습에 기여했다면 역사가 김성일이라는 이름을 조금 다르게 기억했을지도 모른다. 안타깝게도 운명은 김성일에게 더 이상 만회의 시간을 주지 않았다.

경상도의 명문가 출생으로 퇴계 이황 문하에서 학문으로 명성을 날린 두 거물 류성룡과 김성일. 관직 생활에서 들의 운명은 극명하게 갈렸으며, 세상은 그들을 각각 전쟁에서 큰 공을 세운 명재상과 치명적인 오판으로 나라를 위험에 빠뜨린 주범으로 기억했다. 그러나 전쟁 이후의 조선 사회, 특히 영남 지방에서 이들의 위상은 우위를 가릴 수 없었는데 병호시비屛虎是非가 이를 잘 보여준다. 1620년에 이황을 모시는 여강서원廬江書院을 건립하는 과정에서 그의 수제자인 류성룡과 김성일 가운데 누구의 위패를 상위에 둘 것인지를 둘러싸고 갈등이 생긴 것이다. 김성일은 류성룡보다 연장자인 데다 이황을 섬긴 기간이 길었고 지역 내에서 명망이 높았으며, 류성룡은 오랜 관직 생활과 재상 시절의 공적으로 나라 전역에 명성을 떨쳤다. 병호시비는 후대에까지 계속 이어지다가 2013년에 들어서야 종지부를 찍었다.

　삶의 경로는 달랐으나 같은 스승 아래에서 동문수학하며 임진왜란 중 서로를 구원해주기도 했던 두 문인의 위상을 둘러싸고 후대의 사람들이 지리멸렬한 다툼을 벌였다는 것은, 조선의 선비들이 이념과 명분을 얼마나 중요하게 여겼는가를 보여주는 동시에 형식에 지나치게 몰두했던 모습을 보여준다. 파직된 김성일을 구원했던 류성룡, 그리고 그 구원의 손길을 통해 자신의 과실을 만회하려 노력했던 김성일. 그들이 이후의 일을 알았다면 과연 어떠한 표정을 지었을지 궁금한 일이다.

3부

삼국 대전,
평양성

1592년 7월
명나라의 조승훈이 원병 3000명을 이끌고 조선에 도착하다.

1592년 7월 8일
이치 전투(조선군 승, 일본군 패).

1592년 7월 17일
2차 평양성 전투(일본군 승, 조·명 연합군 패).

1592년 7~8월
금산 전투(일본군 승, 조선 의병대 패).

1592년 8월
3차 평양성 전투(일본군 승, 조선군 패).

1592년 8월 24일
이순신 함대(조선 수군 연합함대)의 4차 출정.
부산포 해전(9.1) 등에서 일본군을 격파하다.

1592년 9월
명나라의 심유경과 일본의 고니시 유키나가가 교섭을 통해
50일간 휴전을 약속하다.

1592년 10월 5일
진주 대첩(1차 진주성 전투)(조선군 승, 일본군 패).

1592년 12월
명나라의 이여송이 원병 4만여 명을 이끌고 조선에 도착하다.

1593년 1월 8일
4차 평양성 전투(조·명 연합군 승, 일본군 패).

1593년 1월 27일
벽제관 전투(일본군 승, 명나라군 패).

1593년 2월 12일
행주 대첩(조선군 승, 일본군 패).

1592년 4월 30일,
한양을 떠나 피란길에 오른 선조.

선조와 조정 신료들은
빠르게 북상하는 일본군에게 쫓기듯
개성, 평양, 영변을 거쳐
명나라와 국경을 접한
평안도 의주에까지 이르렀다.

한양을 떠난 지 불과 두어 달 만의 일이었다.

조선의 거듭된 원병 요청에, 명나라 조정은
요동에 주둔 중인 조승훈의 기병 3000명을
조선의 평양성으로 보낸다.
당시 평양성을 지키던 일본군 장수는 고니시 유키나가.

조승훈 부대는 평양성의 지리는 물론,
2만에 달하는 고니시 부대의 전력을 파악하지 못했고
결국 고니시 부대의 매복 작전에 걸려
거의 전멸하고 만다.[*]

---

[*] 2차 평양성 전투 당시 명나라 원병 3000명 중 2300여 명 전사.

당시 명나라 영하 지역에서는 반란이 한창이었다.
명나라 조정의 위기감은 고조되었다.
시간을 벌기 위해 명나라는 심유경을 보내
일본과 교섭을 시도한다.

심유경: 전쟁을 통해 얻고자 하는 것이 무엇이오?
고니시 유키나가: 우리는 명나라 황제의 책봉과 조공을
　　　　　　　　　　원할 뿐입니다.
심유경: 책봉과 조공을 구하려면 철군이 우선이오.
고니시 유키나가: 명나라에 조공을 바치려던
　　　　　　　　　우리를 조선이 막아 전쟁이 일어났소.
　　　　　　　　　조선에 피값은 따로 받아야겠소.
　　　　　　　　　대동강 이남 지역을 일본에 넘겨주고
　　　　　　　　　전쟁을 끝내는 것은 어떻겠소?

심유경이 시간을 버는 사이,
영하 지역의 반란이 진압된다.

영하의 난 진압의 공신은 바로 이여송.
그는 명나라 조정의 기대를 한 몸에 받으며
조선으로 향한다.

임진년 겨울,
4만에 이르는 명나라 원병이 압록강을 건너왔다.
동아시아 삼국대전을 알리는 신호탄이었다.

1593년 1월 8일, 조·명 연합군과 일본군이
평양성에서 치열한 공방전을 벌였다.
4차 평양성 전투였다.

조선과 명나라의 화포와 일본의 조총이 맞붙은 정규전.
4차 평양성 전투는 16세기 동아시아 최초의 국제전이자
최대의 근대적 화약 전쟁이었다.

명나라군 중에서도 발군의 전투 실력을 보인 것은
척가군이었다.
10여 명의 부대원이 한 조를 이루는데,
방어를 맡은 등패수,
독을 바른 창으로 공격하는 낭선수,
그리고 빈틈을 노려 공경하는 장창수로 구성되었다.
전투 중 대장이 죽거나 부대원의 절반이 죽으면
남은 부대원 모두를 참형에 처하는 규율 때문에
전투력이 높았다.

1만의 조선군 또한 치열하게 싸웠다.
평양성의 지리에 익숙하지 않은 명나라군 대신에
선봉에 선 조선군은 최전선에서 많은 희생을 치러야 했다.

4차 평양성 전투는 조·명 연합군의 대승으로 끝났다.
임진왜란 중 일본군이 겪은 최초의 패배이자 후퇴였으며,
이 전투로 전쟁의 판도는 뒤바뀌게 된다.

명나라군은 승기를 몰아 한양을 향해 진격한다.
그리고 일본군은 다시 승기를 잡기 위해
4만의 병력으로 벽제관 일대에서 매복 작전을 세운다.

명나라군의 주무기인 화포는
일본군에게 공포의 대상이었지만
명나라군의 빠른 진격 때문에
화포 부대는 뒤처진 상태였다.

1593년 1월 27일, 벽제관 전투에서 명나라군은
일본군에게 패배하고 전투 의지를 상실하고 만다.

행주산성(幸州山城)

한양(漢陽)

그 시각, 권율이 이끄는 조선군은
행주산성에 집결하고 있었다.
명나라군과 함께 한양을 수복하기 위해서였다.

일본군은 한양의 턱밑까지 조여 오는
조선군을 반드시 제압해야 했다.

1593년 2월 12일,
일본군 7개 군단 3만 명이 행주산성을 공격한다.
조선군의 수는 2300여 명.
10 대 1이 넘는 수적 열세에도 불구하고
민관이 합심한 끝에 조선군은 승리를 거둔다.

한산도 대첩, 진주 대첩과 더불어
임진왜란의 3대 대첩으로 꼽히는 행주 대첩이다.

전쟁 초반 연패를 거듭했던 조선군은
행주 대첩의 승리를 계기로
화기와 지형을 적절히 이용하면
일본군의 조총에 맞설 수 있다는 사실을
깨닫고 있었다.

01

곡창 지대를 둘러싼
치열한 공방전

전쟁 초반에 일본군이 파죽지세로
조선 곳곳을 휩쓸었던 것도 잠시, 1592년 7월에 접어들자 조
선의 관군과 의병들을 중심으로 한 반격의 횃불이 불타올랐
다. 이들의 주된 목표는 곡창 지대인 전라도를 사수하는 것
이었다.

훗날 행주산성에서의 활약으로 임진왜란의 영웅이 된
권율權慄은 1592년 7월 8일, 이치(충청도 금산)에서 고바야카
와 다카카게小早川隆景가 이끄는 일본군과 맞붙어 승리를 거
두었다(이치 전투). 이치 전투의 승리는 이순신 함대의 해전
과 더불어 일본군의 전라도 진출을 막은 중요한 계기가 되었
다. 전라도에서 한양으로 진격하려던 일본군을 저지한 일도

있었는데, 의병장 고경명高敬命과 조헌趙憲, 승병장 영규靈圭가 치른 금산 전투가 대표적인 예이다. 금산 전투는 의병들이 전부 순절하며 조선의 패배로 끝났지만, 이 전투로 일본군이 막대한 피해를 입고 퇴각하면서 결과적으로 조선은 호남과 호서 지역을 지키는 데에 성공했다.

일본은 깊은 고심에 빠질 수밖에 없었다. 한산도 대첩의 패배로 바닷길이 막히고, 각지에서 들고일어난 의병들로 인해 육로 보급마저 막힌 상황이었다. 어떻게든 보급 문제를 해결해야만 했던 일본군은 결국 경상도에서 육로로 서행西行하여 전라도를 차지할 계획을 세웠다. 그러나 일본군은 전라도로 향하는 길목에서 조선군에게 격파당하고 말았는데, 이것이 바로 1592년 10월의 진주 대첩(1차 진주성 전투)이다.

진주는 예로부터 전략적으로 중요한 곳이었다. 호남과 영남을 잇는 관문이자 경상도 일대를 관장하던 가장 큰 고을이었고, 천혜의 요새로 불리는 진주성이 있었다. 당시 진주성은 진주 목사 김시민金時敏이 지휘하고 있었는데, 조선군의 수는 많아봐야 3800여 명에 불과했다. 반면에 하세가와 히데카즈長谷川秀一와 나가오카 다다오키長岡忠興 등이 이끌던 일본군은 3만에 이르는 대군이었다. 10월 5일, 진주에 다다른 일본군은 주변에 진을 치고 있다가 다음 날부터 진주성을 공격하기 시작했다. 김시민이 이끄는 조선군은 성문을 굳게 닫은 채, 일본군의 대나무 사다리를 부수고 지푸라기에 화약을 감싸 던지고 끓는 물이나 돌을 던지면서 결사 항전을 이어갔다. 의병장 곽재우郭再祐와 김준민金俊民, 정유경鄭惟敬 등도 의병들을 이끌고 협공을 펼치며 일본군의 배후를 위협하는 데에 일조했다.

10월 11일, 치열한 접전 끝에 조선군은 진주성을 사수하는 데에 성공했다. 일본군의 10분의 1 수준밖에 안 되는 엄청난 수적 열세에도 불구하고 조선군이 대승을 거둔 것이다. 일본군의 사상자는 무려 1만여 명에 달했다. 진주 대첩의 승리로 조선은 진주성뿐 아니라 배후에 위치한 호남의 곡창 지대까지 지킬 수 있었다. 반면에 싸움에서 참패한 일본군은 복수의 칼날을 갈고 있었다. 특히 전투를 진두지휘했던 진주 목사 김시민을 두고 "모쿠소木曾를 조심하라"라는 말이 나돌았을 정도로 일본군에게 김시민은 이순신만큼이나 공포의 대상이 됐다. '모쿠소'는 김시민의 직책인 목사牧使를 일본식으로 발음한 것인데, 그를 향한 일본군의 두려움과 치욕스러움이 얼마나 컸는지 훗날 일본 전통극 가부키에 동명의 등장인물이 생기기도 했다.

조선의 관군과 의병의 활약으로, 해상과 육상 보급로가

1592년 10월, 진주 대첩(1차 진주성 싸움).

일본군의 10분의 1 수준밖에 안 되는 수적 열세에도 불구하고

김시민이 이끄는 조선군은 진주성 사수에 성공했다.

진주 대첩의 승리로 조선은 진주성뿐 아니라

배후에 자리한 호남의 곡창 지대를 지킬 수 있었다.

전부 차단되고 곡창 지대인 전라도마저 차지하는 데에 실패한 일본군은 굶주림에 시달리기 시작했다. 설상가상으로 겨울이 다가오고 있었다. 혹독한 추위에 일본군은 점차 피폐해져만 갔다.

한편, 피란길에 올랐던 선조와 조정 신료들은 평안도 의주에 일찌감치 도착해 있었다. 1592년 4월 30일에 한양을 떠나 개성과 평양, 영변을 거쳐 의주에까지 이른 것인데, 불과 두어 달 만에 일어난 일이었다. 그렇게 도망치듯 향한 의주는 명나라와 국경을 접한 지역이었고, 이곳에서 선조는 여차하면 명나라로 망명하겠다는 의지를 표명하고 있었다. 중신들의 반대로 선조의 망명은 무산되었으나, 이미 임금이 나라를 버렸다고 생각한 백성들은 분노에 휩싸였다.

악화일로로 치달은 민심을 조금이나마 달랜 것은 다름 아닌 세자 광해군이었다. 선조의 파천이 결정되자마자 급히 세자에 책봉된 광해군은 피란길 내내 부왕의 곁을 지키다가 선조의 명으로 임시 조정인 분조分朝를 통솔하기 시작했다. 이후 광해군은 각지를 돌아다니며 근위병을 모집하고 민심을 돌보는 데에 힘썼다. 조선 수군의 활약에 힘입어 강화도를 확보한 뒤에는 8도를 아우르는 연락망을 다시 회복하여 각지에서 작전을 지휘하기도 했다.

그 시각, 의주에 있던 조선의 조정 신료들은 명나라에게 원군을 거듭 요청하고 있었다. 처음에 명나라는 전쟁이 시작되자마자 원병을 요청한 조선에 의심의 눈길을 보냈지만 전황이 급박해지자 그 심각성을 감지하고 출병을 논의하던 중이었다. 이렇듯 전쟁 초반의 지리멸렬함을 딛고 조선에서는 전세를 뒤집기 위한 준비가 시작되고 있었다. 명나라의 원군 파병과 참전은 그런 조선에게 내민 도움의 손길이자, 이 전쟁을 동아시아 삼국의 국제전으로 본격화하는 신호탄과 같았다.

02
명나라는
왜 참전을 주저했을까

도요토미 히데요시가 임진왜란을 일으켰던 명분은 정명가도征明假道, 즉 명나라를 치려고 하니 조선이 길을 열어달라는 것이었다. 그 실현 가능성의 여부와 별개로, 당시에 그런 명분을 내세웠다는 점은 임진왜란이 조선과 일본의 충돌을 넘어서는 국제적 사건이었음을 상징적으로 보여준다. 동아시아 국제 질서의 중심에 있던 명나라는 다양한 국제적 분쟁으로부터 자유로울 수 없었고 그때마다 재화와 병력을 소모해가며 때로는 지배자로서, 때로는 조정자로서 그 역할을 자임하고 있었다.

임진왜란의 발발 직후 속수무책으로 무너지던 조선을 구하기 위해 명나라는 엄청난 인력과 물자를 동원해 구원병을 파견했다. 그리고 이는 거침없이 진격해나가던 일본군의 기세를 꺾어 전황을 일시에 반전시키는 결정적 계기가 되었다. 명나라의 원군이 없었다면 이순신의 승전과 의병들의 결사 항전도 결과적으로 빛을 발하기 어려웠을지 모른다. 이후에 명나라의 판단에 따라 일본과의 강화 회담이 진행되고 두 나라의 관계가 어그러지며 전쟁이 재개된 것을 떠올리면, 명나라가 조선과 일본만큼이나 이 전쟁의 주된 참여자였음은 분명한 사실이다. 임진왜란을 동아시아 삼국의 전쟁으로 보는 이유도 여기에 있다.

조선은 개국 이래 제후국으로서 명나라를 천자天子의 조정, 즉 천조天朝라고 부르며 사대의 예를 다해왔다. 현실에서는 명나라와 조선 사이에 이해관계가 복잡하게 충돌하고 불안한 기류가 흐르던 시기가 있었지만 명분상으로 명나라가 지닌 천조의 위상은 확고했다. 도요토미 히데요시가 '정명가도'를 요구하며 침략했을 때 조선이 이를 정면으로 거부하고 미흡하나마 전쟁의 대비에 나섰던 배경에도 명나라에 대한 의리를 다해야 한다는 명분이 자리하고 있었다. 그리고 명나라는 원군을 파견함으로써 소위 말하는 재조지은再造之恩, 즉 거의 망할 뻔한 조선을 구원해준 은혜를 베풀었다. 한마디로 조선이 '작은 나라가 큰 나라를 섬긴다'라는 사대事大를 표방

한 것에 대해, 명나라가 '큰 나라가 작은 나라를 어여삐 여긴다'라는 자소字小로 부응한 셈이다.

임진왜란은 이러한 동아시아 질서가 선명하게 구현된 역사적 사건 중 하나였다. 그러나 그 질서의 본질은 엄숙한 화합의 상징 그리고 미사여구로 치장된 지배와 굴복의 굴레 사이에 자리하고 있었다. 이를 반증하듯 명나라의 참전 이후 전개된 전쟁의 양상은 '은혜'와 '속박'이라는 사대 질서의 양면을 선명하게 보여주었다. 지금부터 그 자세한 면면을 살펴보자.

명나라가 임진왜란에 참전하는 것을 주저했던 데에는 나름의 사정이 있었다. 일본의 조선 침략이 그랬듯이 만일 일본을 정복하기 위한 전쟁이었다면 오히려 명나라도 선명한 방향성을 갖고 군대를 일으킬 수 있었을 것이다. 그러나 명나라 입장에서 임진왜란은 정복 전쟁이라기보다 방어전에 가까웠고, 조선을 돕기 위해 원병을 보내기에는 대내외적으로 고려할 사항이 많았다. 그럼에도 불구하고 '정명가도'라는 이 전쟁의 명분은 명나라가 참전을 피할 수 없게 만들었다.

도요토미 히데요시가 명나라 정벌을 공언한 이후 명나라는 다양한 경로를 통해 일본의 침략 의지를 어느 정도 간파하고 있었다. 심지어 일본이 조선을 길잡이로 삼아 명나라를 공격할 것이라는 소문까지 떠돌면서 일본뿐 아니라 조선을 향한 명나라의 의심은 깊어져갔다. 그리고 조선 조정은 명나라 정벌을 공언하는 일본의 요청을 일축하는 와중에 명나라가 품은 의혹에 어떻게 해명할지를 걱정해야 하는 이중고에 처해 있었다.

명나라가 조선을 향해 불안과 의혹 가득한 시선을 보낸 까닭은 간단했다. 조선이 일본에 함락되면 그것이 명나라에 즉각적으로 미칠 파급력이 상상할 수 없을 정도로 컸기 때문이다. 조선이 일본과 동맹을 맺든, 일본의 공격을 견디지 못하고 침략의 전초기지로 전락하든 그 과정은 그리 중요하지 않았다. 명나라와 국경을 맞댄 조선이 일본의 영향력 아래로 들어가는 것만으로 명나라에게는 엄청난 위협이었다.

그래서 명나라는 조선이 일본의 대대적인 공격을 받고 신음하던 것을 보면서도 사태를 관망하고만 있었다. 조선을 향한 의심의 눈길도 쉽게 거두지 않았는데, 전쟁 발발 20일 만에 일본군에게 수도를 내주고 임금이 도망치듯 몽진하는 상황을 쉽게 납득하지 못한 것이다. 소문처럼 조선이 일본의 길잡이 역할을 하는 것인지, 명나라에 망명을 요청한 자가 정말 조선의 임금인지 그 사실 여부를 밝히려고도 했다.

명나라의 의심은 어디까지나 자국의 안위를 위협하는 요소를 파악하기 위함이었다. 결국 명나라가 조선에 원병을 파견하게 된 배경에는 사대 질서라는 명분 외에도 자국의 안정과 질서를 도모하려던 실리적 선택이 자리했던 것이다.

명나라가 조선에 원군을 파견한 궁극적인 목적이 자국의 안위를 위협하는 화근을 제거하는 데에 있었다 해도, 실제 전쟁에 뛰어드는 것은 현실적으로 또 다른 문제였다. 당시 명나라는 영하寧夏 지역에서 일어난 반란을 진압 중이었고, 북방에서는 여진이 누르하치奴爾哈赤를 중심으로 세력을 불리고 있었다. 이러한 상황에서 조선에 원정군을 파견한다는 것은 결코 쉬운 결정이 아니었다. 그럼에도 불구하고 명나라는 자국이 최종 목표가 된 전쟁에 조선이 끼여 많은 고충을 겪고 있다고 인식했던 것 같다. 명나라 황제였던 만력제의 발언을 통해 이를 짐작해볼 수 있다. "마땅히 원병을 보낼 것이니 그 나라 대신을 잘 타이르고 다독여 그들로 하여금 충성을 다하여 나라를 지키게 하라."

자국의 안위를 우선한 실리적 선택이든, 사대 질서라는 명분에 구속되어 울며 겨자 먹기로 베푼 천조의 은혜든, 명나라의 참전으로 임진왜란은 비로소 동아시아의 삼국 전쟁의 형상을 이루게 된다. 명나라를 중심으로 한 국제 질서와 사대 관계, 명분과 현실 사이에서 줄타기를 하며 그 질서의 충실한 참여자가 되고 싶었던 조선, 그리고 일본의 최고 권력자에 만족하지 못하고 새로운 동아시아 질서의 중심이 되고자 했던 도요토미 히데요시의 야망이 조선 땅에서 본격적으로 충돌하기 시작한 것이다.

03
평양성의 주인은
누가 될 것인가

　　　　　　　　평양성 전투라고 하면 대개 1593년
2월에 있던 조·명 연합군의 평양성 탈환 전투를 떠올릴 것이
다. 그러나 엄밀하게 말하면 임진왜란 중 평양성에서 벌어진
전투는 총 네 차례나 있었다. 1593년 2월에 일어난 마지막
전투에서 조선은 평양성을 비로소 되찾았는데, 이는 곧 앞선
세 차례의 전투에서는 조선이 패배했음을 말해준다. 그만큼
평양성은 임진왜란 당시 아군과 적군 모두에게 중요했던 요
충지였고, 이곳을 누가 차지하는가가 향후 전쟁의 추이에 지
대한 영향을 미쳤다.

　　평양성에서의 첫 전투는 1592년 6월에 일어났다. 한양
을 함락시킨 뒤에 맹렬한 기세로 북진하던 고니시 유키나가

의 부대는 3일간의 대치 끝에 평양성을 손에 넣는 데에 성공했다. 한양을 떠나온 이래 성을 사수하기보다 피란하는 데에 급급했던 선조에게 평양성 함락은 조선 내에서 더 이상 의지할 후방이 없어졌다는 것을 의미했다. 심지어 선조는 압록강을 건너 명나라로 피신할 것까지 고려하던 중이었다. 당시 선조에게 남은 마지막 보루는 명나라의 원군이었다. 그즈음 남해 바다에서 이순신의 함대가 일본군을 하나둘 물리치고 각지에서 의병도 일어나고 있었지만, 의주에 고립되어 있던 선조의 입장에서 이들의 분투는 멀게만 다가왔다.

처음에 명나라는 일본의 조선 침략을 그리 심각하게 여기지 않았다. 정확히는, 일본군의 위협을 크게 느끼지 않았다. 그러나 일단 심각성을 인지한 다음에는 생각보다 신속하게 조선에 원군을 보냈다. 다만 명나라가 조선에 1차로 보낸 원군은 중앙의 정규군이 아니라 요동 지역의 수비를 맡고 있던 조승훈祖承訓 부대였다.

1592년 7월, 조승훈이 이끄는 조·명 연합군과 고니시 유키나가의 일본군 사이에 전투가 벌어지니, 이것이 2차 평양성 전투이다. 이 전투는 임진왜란 초반 전쟁의 향방을 크게 좌우했다. 조승훈이 이끌던 명나라군은 여진족과의 전투로 단련된 기병騎兵이었는데 이들은 일본군의 전력을 낮잡아 보면서 승리를 장담했다. 그러나 이들이 조선에 당도한 것은 무더위와 장마가 한창이던 한여름이었고, 길이 진흙투성이가 되어 수레와 말을 순조롭게 이동시킬 수가 없었다. 이러한 악조건 속에서도 조승훈 부대는 자신만만하게 평양성으로 내달렸지만, 성을 비우고 매복 중이던 일본군의 조총 세례로 이내 혼란에 빠지고 결국 진흙탕 속에서 우왕좌왕하다 퇴각했다. 기세 좋게 전투에 나아갔던 병력이 너무도 쉽게 무너졌다는 소식을 듣고 명나라 조정은 큰 충격에 휩싸였다. 명나라 조정의 질책이 두려웠던 조승훈은 조선군에게 패배의 책임을 뒤집어씌우려고 갖은 애를 썼다. 그러나 이미 명나라 조정은 일본군의 전력이 변방의 소규모 군대로 제압하기 어려울 정도로 만만치 않다는 것을 받아들이고 있었다.

조승훈 부대의 패배로 일본군의 위협을 직접적으로 감지한 명나라는 조선에 정예병으로 구성된 대규모 원병 파견을 약속했지만 막상 출병은 차일피일 늦어졌다. 아직 영하寧夏 지역의 반란이 진압되지 않았던 상황이라 명나라 입장에서는 선제적인 군사 행동보다 자국의 영토 수비가 우선일 수밖에 없었다. 이에 명나라는 본격적인 파병에 앞서 일본과의 강화 회담에 관심을 기울이기 시작했다. 애초에 명나라가 조선에 원병을 보내려던 궁극적인 목적은 자국을 향한 위협을 사전에 제거하는 데에 있었기 때문에, 명나라로서는 일본과 군사적 충돌을 벌이지 않고 전쟁을 끝낼 방안을 모색하는 것이 합리적이었다. 이와 더불어 대규모 병력 동원과 물자 조달 문제, 지리와 기후 등의 핑계가 더해지면서 명나라의 추가 파병은 하염없이 미뤄졌다.

2차 평양성 전투의 결과는 명나라뿐 아니라 일본에게도 중대한 변수로 작용했다. 명나라가 생각보다 빠르게 병력을 파견했을 뿐 아니라 추가 파병이 예상되는 상황에서 일본은 충격과 당혹감에 휩싸였다. 도요토미 히데요시의 명나라 정벌 계획에 따라 전쟁에 나서긴 했으나, 타지의 전장에서 병력을 직접 이끄는 일본군 지휘관들의 입장에서는 커다란 암벽을 만난 기분이었을 것이다. 무엇보다 바다에서 조선의 수군이, 육지에서 조선의 의병과 관군이 반격해오면서 일본군은 보급 문제로 골머리를 앓던 중이었다. 전쟁으로 폐허가 된 평양에서 군량을 확보하기도 어려웠던 터라 일본군은 옥수수로 겨우 끼니를 연명하고 있었다. 이러한 상황을 감안하여 일본군 지휘관들은 평양을 포기하고 한양으로 후퇴하는 방안을 고려하기도 했지만, 고니시 유키나가의 강한 의지로 일본군은 계속 평양성을 지켰다.

명나라가 추가 파병을 주저하던 1592년 8월, 평양성을 탈환하기 위해 조선군은 단독으로 전투에 나섰다(3차 평양성 전투). 당시 남쪽에서 조선군의 승전 소식이 간헐적으로 들려오고 있었고, 일본군이 평양을 점령하고 북진을 멈추자 일본군의 전력이 이전 같지 않다고 판단한 것이다. 조선군은 평양성 서쪽의 보통문普通門 인근까지 진출하는 데에는 성공했으나 일본군의 대대적인 반격에 밀려 결국 물러날 수밖에 없었다.

임진년이 저물어가던 1592년 12월, 이여송李如松이 이끄는 4만에 이르는 명나라 대군이 마침내 압록강을 건너왔다. 명나라의 2차 파병이었다. 이번에 파병된 명나라 원군은 앞선 조승훈의 요동 수비대와는 여러모로 차이가 있었다. 이여송은 명나라 조정의 골칫거리였던 영하 지역의 반란을 진압한 뛰어난 명장이었다. 무엇보다 그가 이끈 부대는 규모에서부터 압도적이었고 오랜 전투 경험으로 단련된 정예병들로 구성되어 있었다. 그래서였을까? 조승훈이 그랬듯이 이여송도 자신만만한 태도로 평양과 한양, 나아가 일본에게 빼앗긴 조선 땅을 수복하겠다며 큰소리를 치고 다녔다.

1593년 1월 6일, 추위와 배고픔에 시달리던 일본군을 향해 조선과 명나라의 연합군이 기세 좋게 진군했다. 병력의 격차는 상당했다. 일본군이 1만 5000명 남짓이었던 반면, 명나라군은 4만 3000여 명, 조선군은 1만여 명에 이르렀다. 궁지에 몰린 일본군은 전면전 대신에 유인책과 매복 작전을 펼쳤고, 이에 조·명 연합군도 퇴각과 반격을 거듭하는 유격전으로 대응하면서 전투가 시작됐다. 전투 첫날부터 양쪽 모두 상당한 피해를 입었지만 다음 날까지 유인과 기습 공격이 반복되는 소규모 전투가 이어졌다.

그리고 1월 8일, 조·명 연합군은 평양성을 향해 대대적인 공세를 시작했다(4차 평양성 전투). 명나라군은 압도적인 화력을 앞세워 포격전을 이어갔고 조선군도 연합군의 선봉에서 치열하게 싸웠다. 그 과정에서 명나라의 지휘관들뿐 아니라 총사령관 이여송이 탄 말이 총탄에 맞는 등 아찔한 상황이 지속되었다. 그 어느 때보다 치열했던 4차 평양성 전투는 1월 9일, 일본군이 퇴각하면서 조·명 연합군의 승리로 끝맺는다. 전투 과정에서 수습한 일본군의 머리만 1200여 급級에 달했을 정도로 조·명 연합군은 엄청난 승리를 거뒀다. 그러나 이 전투는 양측 모두에게 막대한 피해를 안겨줬을 만큼 치열했던 전투로 남아 있다.

평양성에서 대승을 거둔 이여송과 명나라군의 기세는 거침이 없었다. 혹독한 환경 속에 피폐해질 대로 피폐해진 일본군이 대항조차 못하고 후퇴를 거듭하자 이여송은 속도

임진왜란의 어느 전투보다 치열했던 4차 평양성 전투.

1593년 1월 9일 일본군이 퇴각하면서

전투는 조·명 연합군의 승리로 끝났다.

수습한 일본군의 머리만 1200여 급에 달할 정도로

조 · 명 연합군은 대승을 거두게 된다.

를 올려 개성까지 탈환했다. 4차 평양성 전투가 끝난 지 약 20일 만의 일이었다. 이여송과 명나라군은 점점 승리에 도취되어갔다. 신중한 작전 수립은 온데간데없고 오로지 한양을 탈환하겠다는 호언장담만 맴돌았다.

진군을 거듭하던 명나라군은 임진강을 넘어 벽제관(경기도 고양)에 이르렀다. 명나라군의 선봉대는 인근 고개에서 진을 치고 있던 일본군과 맞붙었으나 전세가 불리해져 벽제관까지 물러나고 말았다. 이 소식을 접한 이여송은 기병騎兵만 이끌고 서둘러 벽제관으로 출정했다. 명나라군의 주력군은 화포를 다루는 포병砲兵이었지만 대포를 실은 수레가 진흙탕에 빠지는 일이 거듭되면서 포병들은 본진에서 뒤처져 있었다. 그리고 벽제관에는 고바야카와 다카카게小早川隆景와 다치바나 무네시게立花宗茂가 이끄는 일본군이 조총으로 무장하고 매복 중이었다. 아무리 명나라군이 기량이 뛰어났어도 기병만으로 조총 부대를 상대하는 것은 무리였다. 1593년 1월 27일, 명나라군은 결국 참패하고 이여송은 목숨만 부지한 채 간신히 탈출할 수 있었다(벽제관 전투). 벽제관 전투는 명나라군이 임진왜란에 참전한 이래 처음 패배한 전투이자, 진군과 강화 사이에서 고민하던 명나라를 강화로 돌아서게 만든 계기로 작용했다.

명나라의 파병은, 전략적 요충지인 평양성을 탈환해 전세를 역전시키고 평안도와 함경도까지 진격했던 일본군을 후퇴시켰다는 점에서 분명 중요한 역할을 했다. 그러나 딱 거기까지였다. 벽제관 전투의 패배로 적잖은 전력 손실을 입은 뒤 명나라는 한양 수복은 무리수라고 판단하고 일본과의 강화 회담에 돌입했다. 사실 명나라 입장에서는 일본군을 명나라 국경에서 멀리 물러나게 한 것만으로도 이미 목적을 달성한 셈이었다. 반면에 조선은 하루라도 빨리 도성을 회복하고자 안달 나 있었는데, 류성룡柳成龍이 매일같이 이여송을 찾아가 출병을 호소했을 정도였다.

평양성 전투, 그중에서도 1593년 1월의 4차 평양성 전투는 동아시아 삼국의 정규군이 정면으로 맞붙은 전형적인 국제전이었다. 이러한 삼국의 충돌은 전투에 국한되지 않았다. 명나라와 일본 양국은 강화講和라는 외교적 합의를 통해 전쟁을 종결하고자 했지만, 정작 전쟁으로 가장 큰 피해를 입은 조선은 그 과정에서 배제되는 아이러니한 상황이 전개된 것이다. 전쟁은 하염없이 길어지고 있었고 명나라와 일본의 대리전을 방불케 하는 참극 속에서 조선은 괴로움은 나날이 커져갔다.

왜군은 얼레빗, 명군은 참빗:
조선을 향한 일본군과 명나라군의 횡포

倭敵梳子
天兵篦子

얼레빗과 참빗은 대표적인 우리나라 전통 빗이다. 얼레빗은 빗살이 굵고 그 사이가 성긴 반면 참빗은 아주 촘촘하고 가늘다. 빗살 사이의 간격에서 짐작할 수 있듯 얼레빗은 머리의 형태를 대강 다듬는 데에 이용되며, 참빗은 머릿니를 잡는 등 머릿결을 꼼꼼히 훑어낼 때 쓰이는 빗이다. 얼레빗과 참빗은 임진왜란과도 인연이 깊은데, 전란 당시 백성들 사이에 돌았던 "왜군은 얼레빗, 명군은 참빗"이라는 한숨 섞인 유행어가 그것이다.

임진왜란이 발발한 뒤 일본군은 파죽지세로 진격해나가며 조선 땅 곳곳을 유린했다. 일본군의 약탈과 폭력, 살인으로 조선 백성들이 입은 피해는 이루 말할 수 없었다. 오죽하면 일본군의 뒤를 따르던 한 종군 승려가 "길바닥 위에 죽은 자들이 모래알처럼 널려 있다. 도대체 인간이 한 일이라고 말하기 어렵다"라며 그 참상을 기록으로 남기기도 했다. 1593년 2차 진주성 전투의 경우 "일본군이 진주성을 함락한 이후 성 안의 생명체가 사라졌다"라는 말이 전할 정도였다. 과거 동래성이 있던 자리에서 발굴된 수많은 인골들은 당시 얼마나 많은 조선 백성들이 일본군에게 살해되었는지를 보여준다. 일본군은 무수히 많은 조선인을 납치하기도 했다. 전쟁 중에 수만이 넘는 조선인이 포로로 끌려가 고초를 당했고 개중에는 끝내 돌아오지 못한 이들이 대다수를 차지했다. 피해는 민간을 넘어 왕실에까지 이르렀는데, 일본군의 손에 조선의 성종과 중종의 능이 파헤쳐지는 참상이 일어났다. 종묘사직을 무엇보다 중시했던 조선에게 선왕의 묘역 훼손은 일본을 향한 불구대천의 원한을 심어준 것과 다름없었다.

전쟁 초반 승승장구하던 일본군이 명나라군의 참전 이후 수세에 몰리면서 조선 백성의 숨통은 잠시 트이는 듯싶었다. 1593년 벽제관 전투에서 명나라군이 일본군에게 패배한 것을 기점으로 명나라와 일본 사이에 기나긴 강화 회담이 시작되었고, 이는 곧 백성들의 삶을 위협하는 대규모 전투가 한동안 발생하지 않았다는 것을 의미했다. 그러나 눈앞에서 전투가 벌어지지 않는다고 해서 조선 백성들의 삶이 나아진 것은 결코 아니었다. 조선 땅으로 건너온 명나라군의 횡포가 두드러지기 시작한 것이다.

명나라군은 명목상 구원군으로서 조선에 들어왔고 필요한 군량을 명나라에서 보급받기로 되어 있었다. 그러나 당시 명나라는 임진왜란 말고도 크고 작은 전쟁을 수행하며 막대한 재정 부담을 안고 있던 터라 조선에 주둔 중인 명나라군에 대한 체계적인 지원이 쉽지 않았다. 어쩌다 군량 보급이 이뤄져도 물리적으로 멀리 떨어진 명나라 본토에서 보급이 안정적으로 조달되기란 사실상 어려웠다. 결국 명나라군 지휘관들은 조선을 닦달하여 현지 보급을 강행하게 된다.

　　명나라와 일본 간의 강화 협상이 지리멸렬해지자 명나라 내부에서는 원군의 유지를 둘러싸고 이견과 불만이 터져 나왔다. 더불어 대국인 명나라의 장군이자 병사로서 소국인 조선에 원정을 왔다는 생각에 명나라군의 콧대는 나날이 높아져만 갔고 이는 곧 조선을 향한 행패로 이어졌다. 이러한 상황을 상징적으로 보여주는 사건이 있으니, 명나라군 군량을 담당하던 호부주사戶部主事 애유신艾維新이 조선의 호조참판 민여경閔汝慶 등에게 곤장을 때린 일이다. 이후 명나라군 제독 이여송조차 사태의 심각성을 파악하고 "명나라의 수치이다. (애유신은) 어찌 소관小官 같은 행동을 했단 말인가?" 하고 유감을 표했을 정도였다. 명나라의 하급 관리가 조선 호조戶曹의 2인자이자 종2품의 고관에게 신체형을 가했다는 것만으로도 명나라 인사들이 얼마나 조선을 낮잡아 보았는지를 짐작해볼 수 있다.

명나라군의 횡포는, 전공을 부풀리기 위해 조선인의 머리를 벤 뒤에 머리를 깎아서 마치 일본군을 사살한 것처럼 보이게 하는 지경에 이르렀다. 명나라군을 향한 조선 백성의 반감은 나날이 커질 수밖에 없었는데, 명나라군의 조직적인 행패를 감내하는 것 외에도 명나라군에 군량을 대는 부담까지 짊어졌기 때문이다. 『선조(수정)실록』을 살펴보면 조선의 사관史官들조차 임진왜란 중 명나라의 행보에 관해서는 극도로 언사를 조심하며 명나라 측의 힐난에 아무 말도 못하고 수긍하는 모습을 보였음을 알 수 있다. 그런 와중에도 실록 곳곳에 명나라군 군량 보급으로 여러 고을들이 지쳐 있다는 말이 등장할 정도였으니 실제로 백성들이 겪었을 고충은 이루 말할 수 없을 것이다. 한번은 선조가 명나라에 보낼 주문奏文*의 초안에 "명나라 군사를 유치시키자니 군량을 댈 대책이 없다"라는 문구가 적힌 것을 보고 명나라에 전하기에 난처한 내용이니 수정하라는 지시를 내린 적도 있다. 이를 뒤집어 생각해보면 상주문을 담당한 관리마저 명나라 측에 군비 조달의 어려움을 직접 호소해야 했을 정도로 조선이 명나라군의 군량 문제로 고충이 컸다는 것을 의미한다.

전쟁이 장기화되면서 조선을 향한 명나라군의 횡포는 일본군의

---

* 조선에서 명나라 황제에게 올리는 외교 문서의 일종.

횡포가 '얼레빗'에 그칠 만큼 극심해져만 갔다. 그리고 명나라군이 조선에 강요한 전쟁 부담을 오롯이 감당해야 했던 조선의 백성들은 명나라군의 횡포를 '참빗'에 비유하는 것으로나마 불만을 토로할 수밖에 없었다. 침략군은 물론이고 구원군에게까지 고초를 겪은 조선 백성들에게 임진왜란은 씻을 수 없는 아픔의 기억이었다.

04
강화 회담과
행주 대첩

          임진왜란을 일컬어 '7년 전쟁'이라
고 말한다. 1592년에 전쟁이 시작되어 1598년에 끝나기까지
7년이라는 시간이 흘렀기 때문이다. 한편으로 이는 조선의
백성들이 7년이라는 세월 동안 전란 속에서 신음하며 고통에
시달렸음을 의미하기도 한다. 그러나 전쟁의 양상을 살펴보
면 7년 내내 쉼 없이 전투가 이어진 것은 아니었다. 전쟁 초
반에 급박하게 돌아가던 전황과 달리, 4차 평양성 전투 이후
에는 대규모 전투가 눈에 띄게 줄어들고 지루한 대치 상황이
지속되었다. 불행인지 다행인지, 전투의 빈자리를 대신한 것
은 강화講和 회담, 즉 휴전 협상이었다.

    강화 회담은 임진왜란 7년사의 대부분을 차지할 정도로

오랜 기간에 걸쳐 이뤄졌다. 일본과 강화 회담을 벌이는 주체는 조선이 아니라 명나라였다. 그리고 협상의 주된 권한은 양국의 최고 결정권자가 아니라 회담에 참석한 실무자에게 주어졌다. 만력제와 도요토미 히데요시의 의중과 동떨어진 채 강화 회담은 양측 실무자들의 기만과 의도적인 지연 속에서 흘러갔다. 그러다 협상이 결렬될 위기에 처하자 양측은 다시금 전쟁 준비에 돌입했다. 강화 회담의 시작과 전개, 종료에 이르는 일련의 과정을 통해, 임진왜란에 내재된 국제전의 면모와 동아시아 삼국이 저마다 지닌 사정을 살펴보자.

강화 회담 이전에도 조선과 일본 사이에 대화의 시도가 존재하긴 했다. 전쟁 초반에 맹렬하게 북상하던 일본군의 선봉장 고니시 유키나가가 조선 측에 거듭 대화를 요청했던 것이다. 물론 고니시 유키나가가 말한 대화란 '정명가도'를 종용하는 것에 불과해서 양측의 대화가 성립될 가능성은 사실상 전무했다.

진지한 협상의 단초는 생각보다 빨리 찾아왔다. 2차 평양성 전투에서 명나라의 조승훈 부대가 패배하고 명나라의 파병에 충격받은 일본군이 북진을 멈췄던 그때, 명나라와 일본은 약속이라도 한 듯 협상의 여지를 열어놓았다. 치열한 싸움을 통해 서로의 힘을 확실하게 깨닫게 되면서 전쟁을 멈추고 대화를 시작하려는 의지가 피어오른 것이다.

조승훈 부대의 패배 이후 명나라는 추가 파병에 필요한 시간을 벌어야 했다. 이에 명나라 조정은 일본 측에 협상 의사를 타진하며 단기간의 휴전을 제안했다. 그렇게 심유경沈惟敬과 고니시 유키나가가 각각 명나라, 일본 측의 대표로 만났지만, 양국 모두 여력이 남아 있던 상황에서 시작된 협상이 제대로 진행될 리가 없었다. 심유경은 일본의 철군을 요구했고, 고니시 유키나가는 봉공封貢*과 조선의 대동강 이남 지역을 일본에게 넘겨달라는 조건을 내세웠다. 아이러니한 사실은, 처음부터 고식책에 불과했던 이 회담에서 두 나라가 내건 조건이 약 1년 뒤에 진행된 강화 회담의 협상안과 매우 흡사했다는 점이다. 협상 내용뿐 아니라 각자의 요구만 앞세우며 평행선을 달리던 것도 비슷했는데, 이는 애초에 강화 자체의 현실성이 얼마나 부족했는가를 보여준다.

이때의 협상이 남긴 유일한 결과물은 50일간의 휴전밖에 없었다. 명나라와 일본의 첫 번째 협상은 사실상 결렬되었고, 머지않아 명나라가 이여송을 필두로 한 원병을 조선에 파견하면서 치열한 각축전은 다시 시작되었다. 조·명 연합군

---

* 명나라 황제가 도요토미 히데요시를 일본의 왕으로 책봉하는 것을 의미한다. 여기에는 과거 무로마치 막부 시절 시행되었던 감합 무역의 재개도 포함되어 있었다.

은 평양성 탈환에 성공한 뒤 한양을 목표로 대대적인 진격에 나섰고 일본군은 점차 궁지에 몰렸다. 그즈음 조선군이 단독으로 눈부신 승리를 거둔 전투가 있었으니, 한산도 대첩, 진주 대첩과 함께 임진왜란 3대 대첩으로 불리는 행주 대첩이다.

명나라의 참전과 평양성 탈환 소식에 힘입어 조선군의 기세는 한껏 올라가고 있었다. 흩어졌던 병력도 차츰 수습되어, 1593년 2월 행주산성에는 권율權慄이 이끄는 1만여 명의 병력이 집결하고 있었다. 권율은 임진왜란 초반에 광주 목사를 지내다가 이치 전투에서 세운 전공을 인정받아 전라도 관찰사 겸 순찰사가 되었다. 그는 명나라의 원군과 합세하여 한양을 수복하기 위해 관군을 이끌고 북상하여 행주산성에 진을 치고 전투태세를 갖추고 있었다. 행주산성은 한강의 북쪽 기슭을 통해 한양으로 진입할 수 있는 요지였다. 조선군이 이곳을 지켜내는 데에 성공한다면 한양에 주둔 중인 일본군의 목줄을 죌 수 있었지만, 실패한다면 자칫 전세가 다시 뒤집힐 수도 있었다. 이에 권율은 군사들의 사기를 북돋는 동시에 성책을 이중으로 만들고 흙으로 제방을 쌓는 등 일본군의 공격에 철저하게 대비했다.

1593년 2월 12일, 일본군은 조선군의 움직임을 간파하고 3만에 이르는 대군을 동원하여 행주산성을 공격했다. 일본군의 대대적인 공세에 조선군은 활과 화포로 대응했고 무기가 떨어진 뒤에는 투석전投石戰을 벌이며 항전했다. 관군뿐 아니라 성 안의 백성들의 활약도 컸는데, 여인들이 앞치마를 두르고 투석전에 필요한 돌을 담아 나른 데에서 '행주치마'라는 말이 생겼다는 일화가 지금까지 전해지고 있다. 민관이 합심한 끝에 조선은 행주 대첩에서 큰 승리를 거두었다. 행주 대첩의 승리는 조선에게 중요한 성과였다. 한강 배후의 물길을 장악함으로써 일본군을 더욱 고립시킬 수 있었고, 북쪽에서 내려오던 조·명 연합군과 합세하여 한양을 수복할 절호의 기회를 마련했기 때문이다. 그러나 당시는 겨울이었고 모두가 굶주렸으며 피폐했다. 더군다나 벽제관 전투 이후 명나라군은 평양에서 꼼짝도 않고 있었다.

조선 각지에서 전황을 반전시킬 계기가 계속 생겨나고 있었음에도 전쟁의 흐름이 싸움에서 강화로 넘어간 데에는 벽제관 전투에서의 패전이 결정적으로 작용했다. 대군을 이끌고도 전투에서 참패한 이여송은 진군을 멈추고 방어를 위한 퇴각을 거듭했다. 그리고 조선에 주둔한 명나라군을 총괄하던 경략經略 송응창宋應昌은 이여송의 의견을 받아들여 일본과의 강화 회담을 재개하였다. 하루 빨리 수도 한양을 탈환하여 국정을 정상화할 것을 고대하던 조선과 달리, 명나

행주 대첩의 승리는 조선에게 중요한 성과였다.

한강 배후의 물길을 장악하여 일본군을 고립시키고

남하하던 명나라군과 합세하여

한양을 수복할 절호의 기회를 마련했기 때문이다.

라군은 가급적 피를 흘리지 않는 선에서 외교적 수단으로 목적을 이루고자 했고 이로 인해 전쟁이 장기화되는 것을 괘념치 않았다. 일본 또한 보급과 병력 충원이 제대로 이뤄지지 않은 채로 1년 넘게 타지에서 전쟁을 지속하여 일선의 부대가 매우 피폐해진 상태라 명나라의 화의 요구에 응하지 않을 이유가 없었다. 명나라와 일본의 화의 교섭이 시작되면서, 1593년 4월 18일 일본군은 한양에서 철수했고 전군이 남하했다. 그제야 선조와 조선 조정은 한양으로 돌아올 수 있었다.

일본군이 남해안 인근으로 철수한 뒤, 명나라에서 파견된 송응창 휘하의 관리들이 일본과의 강화 회담에 전념하면서 전쟁은 교착상태에 빠졌다. 지금까지 남해안 일대에 남아 있는 왜성倭城의 흔적은 당시 양국의 협상이 얼마나 지리멸렬하게 이뤄졌는가를 짐작하게 한다. 일본군이 적진에 주둔하면서 성을 수십 채 이상이나 쌓았을 만큼 전황이 완전히 답보 상태에 빠졌던 것이다. 그러나 전면전만 이뤄지지 않았을 뿐, 임시 휴전에 불과했기 때문에 대규모 전투가 발발할 가능성은 상존하고 있었다.

강화 회담은 순탄치 않게 흘러갔다. 임진왜란의 발발 배경과 저마다 다른 삼국의 이해관계를 감안하면, 모두가 만족

할 수 있는 합의를 도출해내기란 애초에 어려운 일이었다. 명나라가 주도하는 시대 질서와 이에 충실했던 조선의 신념과 태도는 전쟁을 겪으면서도 조금도 변함이 없었다. 오히려 명나라의 원군 파병으로, 작은 나라가 큰 나라를 섬기는 사대事大와 큰 나라가 작은 나라를 어여삐 여기는 자소字小가 현실에서 부합하게 되면서 양자의 결합은 더욱 공고해지고 있었다. 반면에 명나라 정벌을 앞세워 새로운 동아시아 질서를 세우겠다는 도요토미 히데요시의 야망은 전쟁 초반 일본군이 대승을 거둔 이래 점점 더 부풀어 올랐다. 한껏 야망에 들뜬 도요토미 히데요시가 별다른 소득 없이 조선에서 철병한다는 것은 상상하기 힘든 일이었다. 그렇게 명나라와 조선은 전쟁 이전의 질서로 돌아가기를 원했고 도요토미 히데요시의 일본은 처음의 입장을 여전히 고수했다. 이처럼 전쟁이 발발하게 된 근본 원인에서 무엇 하나 변한 것 없이 서로의 요구만을 반복하던 강화 회담은 전쟁을 잠시 멈추기 위한 수단을 넘어서기 어려웠다.

강화 회담은 이러한 근본적 요인 외에도 구조적으로 문제를 지니고 있었다. 강화 회담의 실무자와 최종 결정권자, 전쟁으로 피해 입은 주체가 각기 달랐던 것이다. 형식적으로 강화 회담의 최종 결정권자는 명나라 황제 만력제와 일본 관백 도요토미 히데요시였다. 두 사람 모두 전장 바깥에서 지시만 했을 뿐, 전장의 참상은 그들의 고려 대상이 아니었다. 그러나 조선은 달랐다. 전쟁의 장기화로 영토 곳곳이 황폐해지고 수많은 백성이 죽어나갔으며 왕실과 조정의 권위는 바닥에 떨어진 지 오래였다. 한편에서는 복수심도 들끓고 있었다. 선조와 조선 조정은 하루빨리 전쟁을 끝내고 일본으로부터 제대로 된 사과와 피해 보상을 받기를 원했지만, 정작 그 목소리는 묵살되는 역설이 강화 회담 내내 반복되고 있었다.

그리고 강화 회담의 실무자로 나선 명나라의 심유경과 일본의 고니시 유키나가는 각각 만력제와 도요토미 히데요시로부터 만족스러운 결과물을 가져오라는 압박을 받고 있었다. 사실상 합의점을 도출할 수 없는 회담을 형식적이라도 이어가야 했던 이들에게 주어진 선택지는 얼마 없었을 것이다. 어쩌면 안건의 세부 내용을 바꿔가면서 시간을 끄는 것만이 이들이 택할 수 있는 유일한 방편이었을지도 모른다. 심유경과 고니시 유키나가는 본국의 최종 결정권자들이 전쟁 상황에 어두운 점을 이용하여 실무자 차원에서 제 멋대로 협상을 이어갔다. 이러한 상황은 강화 회담이 지리멸렬해진 또 다른 원인이 되었다.

일본군, 조선에 성을 쌓고 버리다: 남해안 일대의 왜성

倭城

왜성倭城은 임진왜란 시기 한반도에 건너온 일본군이 연락 거점 및 근거지 확보와 방어를 위해 쌓은 성을 말하며, 전쟁 초기부터 말기까지 지속적으로 축조되었다.

'왜군이 쌓은 성'이라는 이름에서 알 수 있듯이 왜성은 외관이나 기능 면에서 당시 일본 본토에 있던 성들과 유사한 지점이 많았다. 다만 전시 상황에 축조되었기 때문에 거의 모든 왜성이 방어 기능에 치중했으며, 평지보다 산지에 주로 위치하여 농성에 대비하는 측면이 강했다. 왜성의 형태 또한 다양했다. 조선의 성을 개축하여 지은 것도 있고, 일본의 성을 그대로 본뜬 것들도 여럿이었다. 그러나 축성 과정은 거의 비슷했는데, 일본에서 자재를 조달할 수 없던 터라 기존에 있던 조선의 성을 일부 또는 전부 헐어내 얻은 자재로 일본식 성을 쌓는 식이었다. 오늘날 그 존재가 확인된 왜성의 수는 31채로, 대부분 한반도 남해안 일대에 밀집해 있다.

명나라와 일본의 강화 회담이 무산된 뒤 조·명 연합군이 대대적인 공세를 시작하면서 일본군은 수세에 몰리고 왜성의 중요성은 더욱 커졌다. 일본군은 왜성을 조밀하게 쌓아 상호 간 연락과 지원을 이어갔다. 조선과 명나라군은 왜성에 틀어박혀 농성하는 일본군을 향해 공세를 퍼부었지만, 정작 전투로 인해 무너진 왜성이 거의 없었다는 점은 왜성의 견고함을 잘 보여준다.

임진왜란과 관련해 가장 유명한 왜성으로는 울산왜성을 꼽을 수 있다. 울산왜성은 임진왜란 당시 일본군의 선봉장이었던 가토 기요마사가 전쟁 말미까지 농성을 벌이던 곳이었다. 가토 기요마사는 전쟁 초반만 해도 거침없이 조선 땅을 유린했지만 전세가 역전되자 1597년 울산 지역에 왜성을 쌓고 수성전守城戰에 돌입했다. 1598년 1월과 10월 두 차례에 걸친 조·명 연합군의 대규모 공세에도 그는 끈질긴 농성으로 응수했는데, 성 안의 우물물이 부족해지자 말의 피를 뽑아 먹고 오줌을 마시면서 울산왜성을 사수했다. 조·명 연합군의 집중 공세를 두 차례나 막아냈다는 점에서 가토 기요마사의 축성술이 얼마나 대단했는지는 어렵지 않게 짐작할 수 있다. 가토 기요마사는 이때의 경험을 바탕으로 임진왜란 이후 구마모토熊本성을 쌓았는데, 울산왜성에서의 처절했던 농성 경험 때문인지 구마모토성에 120여 개에 달하는 우물을 만들어두었다고 한다. 구마모토에는 '울산마을蔚山町'라는 마을이 지금까지 전해온다. 이 곳에는 울산에 관한 가토 기요마사의 기억뿐 아니라 그가 퇴각하며 강제로 끌고 간 조선인들의 안타까운 역사가 녹아 있다.

왜성은 임진왜란 당시 일본군의 전략적 필요에 의해 축조된 성이라 전쟁이 끝난 이후 조선에서 별다른 주목을 받지 못했다. 전쟁 당시 한반도 전역에 걸쳐 축조되었을 것으로 추정되는 왜성이 남해안 일부 지역에만 남아 있는 것을 보아 왜성은 군사 기지로서 생각보다 효용이 크지 않았던 것 같다. 그도 그럴 것이 전시에 농성 목적으로 쌓은 성을 평상시 군사 기지로 활용하기 어려웠고, 애초에 임시로 축성된 것들이라 공법상의 이유로 유지 보수 또한 어려웠다. 게다가 왜성 대부분이 산지에 자리 잡고 있던 탓에, 방어와 행정 기능을 함께 수행한 조선의 전통적인 읍성과도 부합하지 않았다. 전쟁 이후 그 용도가 모호해지고 유지 보수의 어려움으로 인해 많은 왜성이 멸실되었다. 다만 조선의 수군 기지로 활용되었던 서생포왜성을 비롯해 순천왜성, 울산왜성, 부산포왜성 등 몇몇 왜성은 비교적 잘 보존되어 있다.

한반도의 왜성은 임진왜란을 제외하면 조선에서 이렇다 할 관심을 받지 못했지만, 일본에서는 건축사 측면에서 중요한 사료로서 가치를 인정받아왔다. 일본의 성들 중에는 지속적인 개·보수를 거쳐 처음의 모습을 보존한 경우가 거의 없는 반면, 한반도의 왜성들은 방치되었다고 한들 건설 당시 양식이 그대로 남아 있어 일본 고성古城 연구에 큰 도움이 되고 있다.

4부

정유재란과 종전

1593년
명-일본 명나라와 일본이 강화 회담에 돌입하다.

1593년 4월 18일
일본군이 한양에서 철수하다.

1593년 6월
2차 진주성 전투(일본군 승, 조선군 패).

1593년 8월
조선 이순신이 삼도수군통제사에 임명되다.

1596년
명 심유경의 거짓 보고에 따라, 명나라 만력제가 도요토미 히데요시를
일본 국왕으로 책봉하기 위해 일본에 사신을 파견하다.

1597년
명-일본 명나라와 일본의 회의 교섭이 결렬되다.

1597년 2월
조선 이순신이 누명을 쓰고 파직되다. 원균이 삼도수군통제사에 임명되다.

1597년 7월
칠천량 해전(일본군 승, 조선군 패).
조선 이순신이 삼도수군통제사에 다시 임명되다.

1597년 8월
도요토미 히데요시의 명령으로 전쟁이 재개되다(정유재란).

1597년 9월 16일
명량 해전(조선군 승, 일본군 패).

1598년 8월 18일
일본 도요토미 히데요시가 병사하다.

1598년 11월 19일
노량 해전(조·명 연합함대 승, 일본군 패).
조선 이순신이 전사하다.

바다에서는 이순신의 조선 수군이,
육지에서는 조·명 연합군과 의병이 반격해오면서
보급로가 막힌 일본군.

벽제관 전투에서의 패배로
전투 의지를 잃은 명나라군.

결국 명나라와 일본은 강화 협상에 돌입하게 된다.

일본이 명나라 측에 내세운 화의 조건은
다음과 같았다.

1. 명나라 황녀를 일본 국왕의 후비後妃로 삼는다.

2. 명나라와 일본 사이의 감합 무역을 재개한다.

3. 명나라는 도요토미 히데요시를 일본의 국왕으로 책봉하고
   조공을 허락한다.

4. 조선의 8도 중 4도를 일본에 할양한다.

5. 조선의 왕자와 대신 12명을 일본에 볼모로 보낸다.

6. 일본은 포로가 된 조선의 왕자 임해군과 순화군을 돌려보낸다.

7. 조선은 일본에 항복을 서약한다.

일본의 요구 조건은 명나라와 조선의 입장에서는
도저히 받아들이기 어려운 것들뿐이었다.
그렇게 회담은 지리멸렬해지고 있었다.

강화 회담이 지지부진하자 도요토미 히데요시는
협상에서 우위를 차지하기 위해 무력 도발을 감행한다.

도요토미 히데요시: 12만 대군을 진주성으로 출정시킨다.

　　　　　모쿠소*의 머리를 가져와라.

　　　　　진주성을 점령한 뒤 한 사람도 남기지 말고

　　　　　죽여버려라. 무릇 협상은 힘으로 하는 것이다.

---

* 1592년 10월 진주 대첩(1차 진주성 전투)에서 조선군을 지휘했던 진주 목사 김시민
　金時敏을 가리킨다.

1593년 6월,
10만이 넘는 일본군이 진주성을 공격한다.
2차 진주성 전투였다.

조선군은 수적 열세를 이기지 못하고 패배한다.
일본군은 무차별 살육을 벌였고
폭력은 절정에 이르렀다.

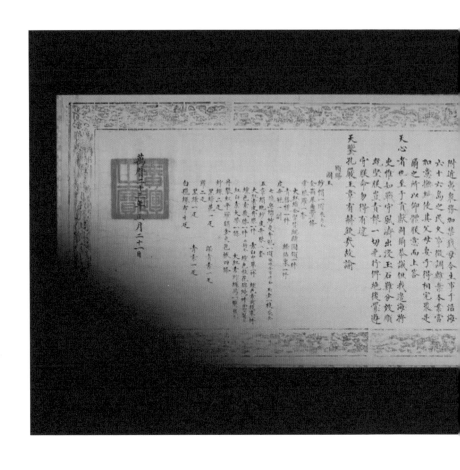

강화 회담의 실무를 맡은
명나라 대표 심유경과 일본 대표 고니시 유키나가.
이들은 어떻게든 회담을 매듭짓기 위해
거짓 보고를 일삼고
도요토미 히데요시의 항복 문서를 위조하기까지 한다.

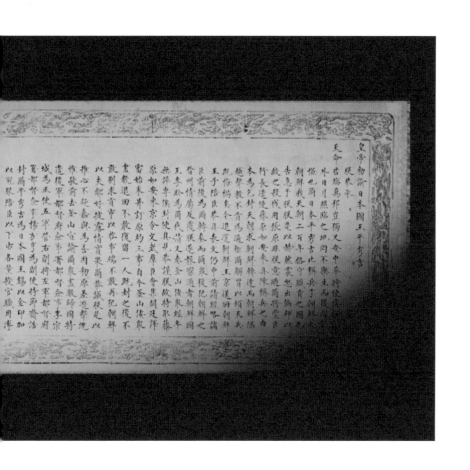

그렇게 명나라 조정은
도요토미 히데요시의 책봉을 결정한다.

"명나라 황제가 태합 히데요시를 일본 왕으로 임명한다.
히데요시를 순화왕順化王으로 봉한다."

그러나 거짓으로 점철된
강화 회담은 오래갈 수 없었다.

도요토미 히데요시: 조선의 왕자는?

내가 이긴 전쟁인데 명나라 황녀는 아니더라도

조선의 왕자조차 보내지 않았다는 말이냐?

그러면서 조선에서 내 군대를 무조건 철수하라?

천조天朝가 사신을 보내어 나를 책봉하였으므로

내가 우선 참겠으나

조선은 일본이 명나라에 입조하려는 사실을 숨기고

우리와 명나라 사이를 이간했다.

이 전쟁의 책임은 전적으로 조선에 있다.

조선이 나에게 사죄하지 않으면

조선과는 결코 화친할 수 없다.

다시 전쟁이다!

정유년 8월, 일본군이 다시 조선을 침략했다.
정유재란의 발발이었다.

정유재란은 점차 잔혹한 약탈과
살육의 현장으로 변해갔다.
명나라는 다시 원병을 보낸다.
이번에는 수군도 포함되어 있었다.

정유재란 이전, 삼도수군통제사였던 이순신은
일본의 모략으로 파직되었다.
칠천량 해전에서 조선 수군이 궤멸되고 나서야
조선 조정은 이순신을 다시
삼도수군통제사로 임명하지만
조선 수군에 남은 전력은
13척의 판옥선과 120여 명의 병사뿐.
악조건 속에서도 이순신과 조선 수군은
분연히 일어섰다.

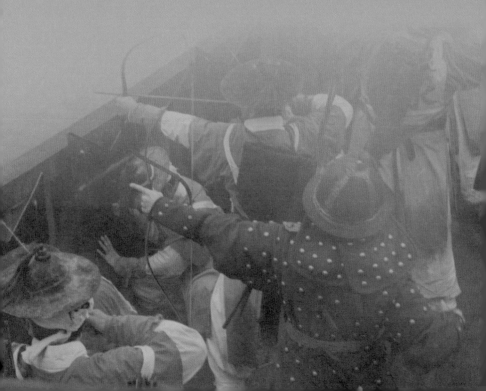

1597년 9월, 구루시마 미치후사 등이 이끄는
일본군이 명량에 진입하면서 전투가 시작되었다.
13척 대 133척.
10배 이상의 전력 차이에도 불구하고
이순신 함대는 울돌목의 지형적 이점을 활용한 전술로
기적 같은 승리를 거둔다.

명량 해전,
세계 해전사를 통틀어 유례를 찾기 어려운 대승이었다.

1598년 8월, 도요토미 히데요시가 병사했다.

도요토미 히데요시는 죽을 때까지,
조선에 주둔 중인 일본군 장수들의
철군 요청을 받아들이지 않았다.
철군 명령이 내려진 것은 히데요시가 사망한 뒤였다.

일본으로 돌아갈 준비를 하는 일본군들.
그러나 이순신과 조선 수군은
일본군이 무사 귀환하도록 내버려둘 수 없었다.

이순신 : 사천의 시마즈 요시히로와

남해의 소 요시토시 등이 고니시 유키나가를

구하기 위해 순천으로 향하고 있다 합니다.

분명 그들은 최단 거리인 노량을 통해 올 것이니,

우리 조·명 연합함대는 관음포와 죽도에서

매복 작전을 펴야 마땅합니다.

진린 : 자칫 우리가 순천의 고니시 부대와

사천과 남해에서 오는 구원 부대의 협공을 받는 처지가

될 수도 있소. 통제사는 결국 그들에게 마지막 일격을

가하고 싶은 겁니까?

이순신 : 도독, 우리는 단 한 척의 왜선도

그냥 보낼 수 없소이다. 지난 7년간 이 나라

조선 백성이 당한 고통을 생각하면 결코 그럴 수 없지요.

이 나라 조선을 유린한 죄를 꼭 치르게 할 것이외다.

1598년 11월 19일, 노량 해전이 시작되었다.
조·명 연합함대는 일본군을 향해 포격을 가했고
퇴각하는 적들의 배를 한 척이라도 더 부수고자 했다.

이순신: 바람을 등지고 전선을 유지하라.

　　　 화공을 펼친다.

　　　 지금부터 대장선이 돌격선이다.

　　　 단 한 척의 적선도 그냥 돌려보내지 않는다.

임진왜란 최후의 해전, 노량.
결사 항전 끝에 조·명 연합함대는 승리를 거두었지만
조선의 영웅 이순신은 바다에 잠들고 말았다.

속고 속이는
강화 회담

1593년에 시작된 강화 회담은 약 4년에 걸쳐 지속되었다. 그러나 회담의 진척은 거의 없었는데, 명나라와 일본이 서로의 의중을 짐작하고 있으면서도 한 치의 양보 없이 대립각을 세우고 있었기 때문이다. 일본이 명나라 측에 내세운 화의 조건은 다음과 같았다.

1. 명나라 황녀를 일본 국왕의 후비後妃로 삼는다.
2. 명나라와 일본 사이의 감합 무역을 재개한다.
3. 명나라는 도요토미 히데요시를 일본의 국왕으로 책봉하고 조공을 허락한다.
4. 조선의 8도 중 4도를 일본에 할양한다.

5. 조선의 왕자와 대신 12명을 일본에 볼모로 보낸다.

6. 일본은 포로가 된 조선의 왕자 임해군과 순화군을 돌려보낸다.

7. 조선은 일본에 항복을 서약한다.

일본의 요구 조건은 명나라와 조선의 입장에서는 도저히 받아들이기 어려운 것들뿐이었다. 그중에서도 조선 영토의 할양과 도요토미 히데요시의 봉왕封王과 납공納貢, 명나라 황녀와의 혼인은 일본이 지속적으로 요구해온 조건이었다. 명나라는 강화 회담을 향한 조선의 불만을 무마하기 위해서라도 '영토 할양은 결코 없을 것'이라는 입장을 고수하며 일본군의 철병을 요구했다. 감합 무역의 재개에 대해서도 미온적인 태도를 보였다. 조공 무역의 형태이든 약탈의 형태이든, 동아시아 바다를 통한 인적·물적 교류는 계속 늘어나고 있었지만 명나라 조정은 여전히 해금海禁 정책의 기조를 유지했다. 이후 일본 측에서 선심 쓰듯 조선 영토의 할양은 포기하겠다는 의사를 내비치긴 했으나, 명나라와 조선은 여전히 일본의 요구를 받아들일 수 없었다.

강화 회담이 진행되는 와중에도 일본의 무력 도발은 계속 이어졌다. 대표적인 예가 1593년 6월의 2차 진주성 전투이다. 강화 회담이 지지부진하자 도요토미 히데요시는 협상에서 우위를 차지하기 위해 진주성을 다시 공략할 것을 지시했다. 이는 앞선 1차 진주성 전투(진주 대첩)에서 조선군에게 참패한 것에 대한 설욕전이기도 했다. 그렇게 가토 기요마사加藤淸正와 고니시 유키나가小西行長 등이 이끄는 10만여 명의 일본군이 진주성을 공격했다. 1차 진주성 전투에서 전사한 김시민의 뒤를 이어 진주 목사가 된 서예원徐禮元과 휘하의 군관, 그리고 의병대와 백성들까지 항전에 나섰지만 끝내 수적 열세를 이기지 못하고 조선은 진주성을 일본군에게 내주고 말았다. 이후 일본군은 성 안에 살아 있는 모든 것을 학살하며 보복을 가했는데, 이에 분노한 진주 기생 논개論介가 왜장을 안고 남강에 투신했다는 유명한 일화가 전해온다.

2차 진주성 전투는 임진왜란 중 최대의 격전으로 꼽히는 만큼 전투에서 승리한 일본군에게도 막대한 피해를 안겨주었고, 이로 인해 일본군은 머지않아 진주성에서 철수하게 된다. 단순히 협상을 유리하게 이끌기 위한 강온 양면책으로 받아들이기에는 이 전투는 너무도 잔혹하고 비참했으며 수많은 목숨을 앗아갔다. 무엇보다 이를 계기로 명나라와 조선은 강화 협상의 실효성에 대해 근본적인 의문을 품게 되었다.

일본의 무력 도발에도 불구하고 협상은 약간의 진전을

1593년 6월, 2차 진주성 전투.

이 전투는 너무도 잔혹하고 비참했으며 수많은 목숨을 앗아갔다.

무엇보다 이를 계기로 명나라와 조선은

강화 회담의 실효성에 대해 근본적인 의문을 품게 된다.

보이기 시작했다. 명나라와 일본 사이에 사절단이 꾸려지고 국서가 오가는 단계까지 나아간 것이다. 물론, 그 과정 곳곳에는 암초가 자리 잡고 있었다. 그중 하나는 명나라 조정의 지독한 관료주의였다. 명나라에서는 심유경이 실무자 대표로 협상에 나섰는데, 심유경의 협상은 조선에 주둔한 명나라 군을 총괄하는 경략經略의 통제를 받았고, 경략의 보고 내용은 명나라 병부兵部를 통해 조정 대신들의 회의를 거친 뒤에 황제의 재가를 받아야 했다. 이렇게나 복잡한 보고 절차 때문에 회담 현장과 명나라 조정 사이에는 의사소통이 원활하지 않았고, 황제인 만력제는 무위無爲에 빠져 정무에 손을 놓고 있었다. 게다가 자신의 이익과 안위를 지키기 위해 보고 내용을 조작하는 이들도 비일비재했다.

명나라에 비해 일본은 협상 실무진이 도요토미 히데요시와 직접 접촉할 수는 있었다. 그러나 회담 현장의 사정이 도외시되는 것은 별반 다르지 않았다. 도요토미 히데요시는 명나라 정벌의 야심을 여전히 꺾지 않았고, 그런 도요토미 히데요시에게 회담 내용을 그대로 전하기를 두려워한 협상 실무진은 명나라에 보낼 항복 문서를 위조하는 것도 불사했다.

1596년 명나라와 조선의 사신이 일본으로 건너가 도요토미 히데요시를 만남으로써 회담은 가시적인 성과를 도출해내는 듯했다. 그러나 사절단을 보내는 측에서도, 맞이하는 측에서도 사절단의 행차가 전쟁을 종식시킬 것이라고 믿지 않았다. 강화 회담에 참여하지 못했던 조선은 회담이 진행될수록 뚜렷해지는 전쟁의 징후를 감지하고 성을 쌓는 등 일본군의 재침에 대비했다. 더불어 전쟁 내내 압도적인 전력을 자랑했던 수군을 중심으로 선제공격을 준비하는 과감함을 보여주기도 했다. 기만으로 덧칠된 강화 회담이 결국 결렬되면서 도요토미 히데요시는 조선을 재침할 것을 선언했고 명나라군 또한 조선을 향해 진군하고 있었다. 전쟁을 멈추기 위해 시작된 강화 회담이 또 다른 전쟁, 정유재란을 불러온 아이러니한 순간이었다.

정유재란의 발발과
명량의 기적

　　　　　　　　　정유재란은 1597년, 즉 정유년
에 다시 발발한 전쟁을 일컫는다. 이 시기의 전쟁은 임진년
(1592)에 일어난 전쟁과는 그 양상이 사뭇 달랐다. 전쟁의 낌
새를 눈치채고 소극적인 방비로 일관하다 일본의 대규모 병
력 앞에 무너졌던 임진년의 경험을 교훈 삼아, 조선은 미리
전쟁에 대비하고 있었다. 여러 전투를 거치면서 조선군은 강
인하게 단련되었고, 우여곡절은 있었지만 명나라군도 원군
으로서 든든한 존재감을 과시하고 있었다. 조선이 남해안에
웅크린 일본군의 공격을 충분히 막을 수 있다는 자신감을 가
지는 것도 무리는 아니었다.
　　강화 회담이 공식적으로 결렬되자 삼국은 모두 전쟁 준

비에 돌입했다. 일본 본토에 머무르며 살아생전에 명나라 정벌이라는 대역사大役事를 이루겠다는 도요토미 히데요시의 야심은 조금도 줄어들지 않았다. 오랑캐 나라를 상대로 시작한 전쟁에서 발을 빼기 힘들었던 명나라 또한 적극적으로 전쟁에 개입할 의지를 보이고 있었다. 무엇보다 오랜 전쟁에 시달리면서 여전히 국토에서 적을 몰아내지 못했던 조선은 일본군을 섬멸해 전쟁에 종지부를 찍으려는 열망과 복수심에 가득 차 있었다.

그러나 전쟁 초반과 달리 대대적인 준비를 갖췄음에도 조선 조정은 커다란 문제에 직면하게 된다. 어떤 전략과 전술로 전쟁을 수행할지, 그리고 명나라와 일본과의 외교 방향을 어떻게 잡을지를 두고 선조와 동인, 서인 사이에 첨예한 갈등이 일어난 것이다.

명나라와 조선은 일본과의 강화 회담을 두고 크고 작은 갈등을 일으키고 있었다. 선조가 강화 회담을 줄기차게 반대하자 명나라는 선조를 압박하기 위해 광해군을 중심으로 한 분조分朝 설치를 지시하게 된다. 이를 계기로 조선 조정은 곧바로 분열하기 시작했는데, 분조 설치가 붕당의 정국 주도권과 긴밀하게 맞닿은 사안이었기 때문이다. 일찍이 광해군이 세운 분조에서 요직을 장악했던 서인은 조선만이라도 단독으로 나서서 일본군을 몰아내자는 입장을 견지하고 있었다. 반면에 선조와 동인은 조선의 단독 출정은 현실적으로 무리가 있으며, 주요 산성을 중심으로 요충지를 방어하고 일본군의 현지 보급을 막는 청야전淸野戰을 주장했다. 이후 명나라의 분조 지시가 흐지부지되면서 자연스럽게 동인의 주장이 채택되었으나, 이러한 조정 대신들의 정파 싸움은 일본의 재침을 대비하는 과정에서 장해물이 될 수밖에 없었다.

임진왜란 중 가장 빛나는 성과를 거두었던 조선 수군도 정쟁에서 자유롭지 못했다. 앞서 1593년 8월 이순신은 조선의 바다를 지켜낸 공을 인정받아 전라, 경상, 충청 3도의 수군을 통솔하는 삼도수군통제사에 임명되었다. 강화 회담이 결렬될 위기에 처했을 즈음, 바다와 육지에서의 승전 경험으로 자신감이 쌓인 조선 조정은 삼도수군통제사 이순신과 도원수 권율의 합동 작전을 통해 일본군의 본진인 부산을 선제 공격하려는 계획을 세우고 있었다.

그러나 해안선이 길고 복잡한 남해안의 특성상 근해에서 대규모 작전을 구사하는 것은 큰 위험 부담을 동반했다. 게다가 일본 수군은 이순신 부대에게 연이어 패배한 뒤로 연안에서 꼼짝 않고 있었다. 대대적인 공세 작전은 무리라고 판단한 이순신은 신중한 태도로 일본군에 대한 견제와 방첩을 이어갔지만, 이는 이순신을 향한 선조의 불신을 불러일으켰다. 설상가상으로 일본군 장수 고니시 유키나가가 첩자를 통해 전달한 정보를 선조와 조선 조정이 받아들이면서 이순신의 입지는 더욱 좁아졌다. 결국 이순신은 조정의 명령을 따라 적을 공격하지 않았다는 누명을 쓰고 삼도수군통제사에서 파직되었다. 이순신의 두 번째 백의종군이었다. 1597년 2월, 삼도수군통제사 자리는 평소 이순신에게 불만을 가졌던 강경파 원균元均에게 돌아갔다.

1597년 7월, 선조의 출병 명령에 따라 원균은 130여 척의 전함을 이끌고 부산으로 향했다. 그러나 미리 첩보를 받은 일본군의 유인책과 기습 공격으로 원균이 이끈 조선군은 칠천량(경상도 거제)에서 거의 전멸하고 말았다(칠천량 해전). 칠천량 해전은 임진왜란과 정유재란을 통틀어 조선 수군이 유일하게 패했던 해전으로, 수많은 장수와 병사들이 죽고 전함 대부분을 잃는 등 그 피해가 막심했다. 무모한 전투를 감행했던 원균은 전장에서 간신히 탈출했으나 이내 일본군에게 잡혀 전사했고, 그나마 경상우수사 배설裴楔이 12척의 판옥선을 이끌고 후퇴하는 데에 성공했다. 그렇게 조선 수군에는 12척의 배와 120여 명의 군사만 남게 되었다. 한때 조선의 바다를 호령했던 이순신은 백의종군의 처지 속에서 통곡밖에 할 수 없었다.

　선조와 조선 조정은 원균의 참패 소식을 듣고 아연실색할 따름이었다. 결국 선조는 이순신을 다시 삼도수군통제사로 임명하고 일본군에 대항할 것을 명했다. 조선 수군에 남은 전력은 12척의 판옥선과 120여 명의 병사뿐이었지만 이순신은 포기하지 않았다. 이순신이 적은 수의 전함과 병력으로 일본군을 막기 위해 선택한 곳은 명량, 지금의 전라도 진도 인근 울돌목이었다. 그리고 이곳에서 정유재란의 향방을 가른 역사적인 전투가 벌어지니, 1597년 9월 명량 해전이다.

　명량은 전라도 해남과 진도 사이의 해협으로, 울돌목이라는 이름으로 더욱 잘 알려져 있다. 바다가 소용돌이칠 정도로 물살이 거세고 유속이 빠르며 폭이 좁고 수심이 얕은 곳이라, 현지인 중에서도 숙련된 뱃사람이 아니면 배를 조종하는 것이 어려울 정도였다. 동시에 이곳은 한반도의 서해로 나아가는 바닷길의 길목이었다. 한마디로 일본 수군의 서해 진출을 막기 위한 최후의 보루였던 것이다. 엄청난 수적 열세와 한 치 앞을 헤아리기 힘든 바다. 이러한 난관 속에서도 이순신과 조선 수군은 명량에서 후퇴할 수 없었다. 이들이 물러나는 순간 조선의 바다는 다시금 일본에게 점령될 것이고 조선은 이 전쟁에서 더 이상 일어나지 못할 수도 있었다.

임진왜란 초반에 일본군은 신속하게 수도 한양을 점령했음에도 불구하고 예상과 달리 고전을 면치 못했다. 그래서 정유재란에는 전략을 바꿨는데, 속도전보다 점령지 확보에 주안점을 두고 타격감을 높이는 방식을 취했다. 즉, 남쪽에서부터 광범위하게 점령지를 확보하면서 북상하는 작전을 채택한 것이다. 일본군의 전략 변화는 필연적인 결과였다. 조선군이 이전처럼 기습에 당할 리도 없을뿐더러 명나라의 대규모 병력이 한반도에 주둔하고 있었기 때문이다. 보급의 어려움도 여전히 남아 있었다. 그렇게 정유년에 일본군은 진군 속도를 포기하는 대신 전라도와 경상도 전역에 광범위하게 침투하기 시작했다. 이러한 방식으로 일본은 초반에 소기의 성과를 거두었는데, 일본 본토에서 새로 넘어온 병력이 남해안에 잔존하던 병력과 합세하여 전라도의 요지를 석권하는 데에 성공하기도 했다.

이는 곧 명량 해전을 앞둔 이순신과 조선 수군의 배후에 불안 요소가 존재했다는 뜻이었다. 전쟁 첫해인 1592년만 해도 관군과 의병의 격렬한 저항 덕분에 조선은 전라도를 사수해냈고 이순신과 조선 수군은 이를 바탕으로 일본 수군을 동쪽 바다로 몰아낼 수 있었다. 그러나 정유재란이 발발한 당시에 조선 수군은 배후에 일본군을 둔 채 남해와 서해의 경계선까지 밀려나 전투를 벌여야 했다. 이러한 상황에서 명량까지 뚫리면 한양으로 향하는 서해의 바닷길은 일본군의 손아귀에 들어가는 것이나 다름없었다.

수많은 악조건 속에서도 이순신과 조선 수군은 분연히 일어섰다. 명량 해전을 하루 앞두고 이순신이 휘하의 군관과 병사들을 향해 굳은 항전의 의지를 다진 모습은 『난중일기亂中日記』에 생생하게 담겨 있다. "반드시 죽고자 하면 살고, 살려고만 하면 죽는다必死則生 必生則死"라는 이순신의 말은, 죽음을 각오하지 않으면 적군 앞에 나서는 것조차 쉽지 않을 만큼 열세에 놓였던 조선 수군의 상황을 짐작하게 한다.

여러 장수들을 거느리고 (전라)우수영 앞바다로 진을 옮겼다. 벽파정 뒤에는 울돌목이 있는데 수군의 수가 적으므로 명량을 등지로 진을 칠 수 없기 때문이다.

여러 장수들을 불러 모아 약속하면서 이르되, "병법에 '반드시 죽고자 하면 살고, 살려고만 하면 죽는다'라고 했으며, '한 사람이 길목을 지키면 천 사람도 두렵게 한다'라고 했으니 이는 지금의 우리를 두고 한 말이다. 조금이라도 명령을 어기면 군법으로 다스릴 것이다" 하고 재삼 엄중히 약속했다.

— 『난중일기』, 정묘년(1597) 9월 15일

1597년 9월 16일, 구루시마 미치후사來島通總 등이 이끄는 일본군이 명량에 진입하면서 전투는 시작되었다. 추가로 확보한 배 1척을 포함해 조선 수군의 전선은 13척이었던 반면 일본군의 전선은 133척이었다. 전력이 무려 10배 이상이나 차이 났지만, 이순신은 가장 선두에 서서 전열을 유지하며 공격을 진두지휘했다. 그리고 물살의 흐름이 바뀌었을 때 조선군은 사전에 계획한 대로 一자 형태로 진형을 펼치며 일본군을 향해 일제히 포격을 가했다. 일본군은 엄청난 혼란에 휩싸였다. 배가 물살에 휩쓸려 옴짝달싹하지 못하는 상태에서 조선 수군의 포격을 오롯이 받아내야 했기 때문이다. 결국 통제력을 잃은 일본 수군은 수십 척의 함선을 잃고 퇴각했다. 그야말로 역사에 남을 만한 위대한 승리였으며, 이순신과 조선 수군 모두가 죽음을 무릅쓰고 거둔 값진 성과였다.

엄청난 열세를 딛고 명량 해전에서 기적 같은 승리를 거둠으로써 조선 수군은 제해권을 되찾을 수 있었다. 반면에 이 전투를 기점으로 일본군의 서해를 통한 북진 계획은 좌절되었다. 일본 육군이 전라도 일대를 점령하며 조선 수군의 배후를 압박하고는 있었지만, 육로와 해로를 통해 동시다발적으로 한양으로 진군하려던 계획의 축이 무너진 것이다. 무

13척 대 133척.

조선군과 일본군의 전력 차는 무려 10배 이상.

엄청난 열세를 딛고 명량 해전에서 기적 같은 승리를 거두면서

조선 수군은 제해권을 되찾을 수 있었다.

그리고 일본군은 이순신이 돌아온 이상

조선의 바다를 넘볼 엄두를 내지 못했다.

엇보다 일본에게 공포의 대상인 이순신이 돌아온 이상 일본 군은 조선의 바다를 넘볼 엄두를 내지 못했다.

명량 해전을 통해 이순신과 조선 수군은 다시 한 번 일본군의 침공으로부터 조선의 바다를 지켜냄으로써 조선의 운명을 불길 앞에서 건져내었다. 전쟁 첫해인 임진년, 조선 수군의 활약에 관군과 의병이 승전보로 화답했듯이, 정유년에도 명량 해전의 뒤를 이어 육지에서 승전 소식이 들리기 시작했다. 이번에는 명나라의 대규모 원군이 만반의 준비를 갖추고 있었으며, 조선의 정규군도 전열을 가다듬고 전장으로 나섰다. 그렇게 조선의 삼남 지방에서 삼국의 군대는 다시금 정면으로 충돌했다.

03
조·명 연합군의
반격

　　　　　일본군의 파죽지세와 같은 진군
에 조선이 모래성처럼 무너졌던 임진년과 달리, 정유년에는
조선과 명나라 모두 일본의 재침에 대한 대비를 갖춘 상태였
다. 수년간 조선 땅에 주둔하며 현지의 지형과 교통로를 파
악해온 일본군도 전략을 바꿔서 조선의 삼남 지방을 확보한
뒤 동시다발적으로 북상하는 작전을 펼쳤다. 즉, 부산을 기
점으로 한쪽에서는 경상도를 석권한 뒤 조령, 추풍령, 죽령
을 거쳐 북상하고, 다른 한쪽에서는 지리산을 넘어 남원과
전주 등 전라도 일대를 점령한 뒤 호남 평야를 가로질러 북
상하는 계획이었다.

　　정유재란 초반에는 일본군의 계획대로 흘러가는 것처럼

보였다. 1597년 8월 일본군은 남원 전투에서 조·명 연합군을 격파하며 전라도 진출에 성공했고 뒤이어 전주성에 무혈입성까지 하면서 기세를 높였다. 경상도에서 한양으로 가려면 조령, 추풍령 등의 여러 고개를 넘어야 했던 것과 달리, 전라도에서 한양으로 가는 길은 평야였기 때문에 전주성 점령은 일본군에게 중요한 의미를 지니고 있었다. 실제로 일본군은 전주를 점령한 뒤 북상을 거듭해 한양과 지척인 직산(충청도 천안)까지 진군했다.

　　조선과 명나라도 가만히 손 놓고 있지만은 않았다. 남원 전투에서 패배한 이후 명나라는 병력을 증원하고 일본군의 북진을 막기 위해 적극적인 공세를 펼치고 있었다. 그리고 1597년 9월, 명나라군은 직산의 소사평에서 일본군과 격전을 벌인 끝에 대승을 거두었다(소사 전투). 소사 전투를 통해 명나라군은 일본군의 북진을 저지했고, 머지않아 명량에서 이순신 부대의 승전보까지 들려오며 조·명 연합군의 사기는 점차 올라가기 시작했다. 이와 더불어 경상도 지역에서는 곽재우郭再祐, 정기룡鄭起龍 등의 노련한 장수들이 일본군을 물리치면서 일본군의 또 다른 북상 경로를 차단하는 데에 성공한다.

　　한양 진격에 발목이 잡히면서 일본군은 점차 궁지에 몰

렸다. 순식간에 수도 한양을 함락시키고 조선 땅을 거침없이 누볐던 지난날과는 달리, 이제는 수도 공략은커녕 피로에 찌든 채 진군과 퇴각만 반복할 뿐이었다. 정유재란 당시 일본 본토에서 추가 병력이 파병되긴 했지만 전리품을 누릴 수 있는 무장들을 제외한 일반 병사들에게 조선에서의 전쟁은 얻을 것보다 잃을 것이 많은 싸움이었다. 기후와 풍토가 다르고 말도 통하지 않을뿐더러 언제 어디에서 조선의 의병이 공격해 올지 몰랐다. 심지어 이들이 맞서 싸워야 할 대상은 수만 명에 이르는 조·명 연합군의 정예병이었다. 전란의 참혹함을 온몸으로 겪었던 조선 백성들의 고통에 비할 정도는 아니더라도, 바다 건너 타지에서 자신과 상관없는 전쟁을 치러야 했던 일본군 병사들의 고충도 만만치는 않았을 것이다.

일본군의 기세가 꺾였음에도 조선과 명나라는 대대적인 공세를 계획하고 있었다. 전쟁 첫해부터 남해안을 점유한 채 끈질기게 버티던 일본군을 섬멸하고 조선 땅에서 밀어내기 위해서였다. 선조와 조선 조정, 백성들 모두가 열망한 바였고 명나라도 협조적인 태도를 보였다. 강화 회담 내내 전쟁 종결에만 치중했던 것과는 달리, 정유재란 당시 명나라는 더 많은 원병과 군량 지원을 약속했다. 이처럼 명나라가 태도를 바꾼 배경에는 명나라와 조선 사이의 사대 질서를 공고히 하려는 의지뿐 아니라 조·명 연합군에게 유리해진 전황이 크게 작용했다.

도요토미 히데요시의 원대한 야심에서 시작되어 수많은 사람들에게 눈물과 고통, 의심을 안겨주고 동아시아 삼국의 비극적 충돌을 불러온 임진왜란. 이제 전쟁의 양상은 완전히 달라지고 있었다. 전쟁 첫해인 임진년에 일본군의 맹렬한 진격으로 한반도의 북서쪽까지 쫓기듯 밀려나며 망국의 위기에 놓였던 조선은, 정유년의 전쟁에서는 명나라의 원병과 합세하여 기세등등하게 일본군을 한반도 동남쪽까지 몰아붙였다.

조·명 연합군의 대대적인 공세 속에서 일본군은 전면전 대신에 수성전守城戰을 벌이기 시작했다. 성을 공격하는 것만큼이나 성을 방어하는 데에 능숙했던 일본군은 궁지에 몰린 상황에서도 남해안 일대에 왜성倭城을 쌓아 그 안에서 저항을 이어갔다. 전쟁 초반에 빠르게 도성을 점령하여 전쟁을 마무리하려던 일본의 계획이 선조의 몽진 때문에 틀어졌던 것처럼, 대규모 회전會戰을 통해 일본군을 섬멸하려던 조·명 연합군의 계획은 일본군의 수성전 앞에서 속수무책이 되어버렸다.

전쟁이 교착상태에 접어들면서 삼국 모두 물자 조달에 어려움을 겪었다. 가장 심각한 것은 군량 부족 문제였다. 특히 조선은 오랜 전쟁으로 몇 년째 수확이 제대로 이뤄지지 않아 군량 확보의 어려움과 백성들의 식량난이라는 이중고에 시달릴 수밖에 없었다. 명나라 또한 대규모 병력이 조선에 주둔하는 기간이 길어지면서 엄청난 군량과 전쟁 비용을 소모하고 있었고 그 부담은 점차 감당하기 힘든 수준으로 쌓여갔다. 그럼에도 불구하고 전쟁의 수레바퀴는 계속해서 굴러가고 있었다. 이 전쟁이 가져올 훗날의 변화를 기약하며.

일본을 따른 조선인, 조선을 따른 일본인 : 순왜와 항왜에 관하여

順倭
降倭

임진왜란 당시 흥미를 자아내는 존재들이 있다. 바로 순왜順倭와 항왜降倭이다. 순왜는 전쟁 중 일본에 자발적으로 또는 소극적으로 협조했던 조선인들을, 항왜는 조선 측으로 전향했던 일본인들을 가리킨다. 어느 시대든 모국을 등진 이단아들이 존재하긴 했지만, 임진왜란 중 순왜와 항왜의 존재는 조선 조정에서도 주목했을 정도로 상당한 존재감을 드러냈다.

조선인이지만 일본을 따랐던 순왜의 대표적인 인물로는 사화동沙火同과 국경인鞠景仁이 있었다. 전라도 진도 출신이었던 사화동은 임진왜란 이전부터 왜구와 협력하며 일찍이 조선에서 악명을 떨쳤는데, 왜구에게 납치된 조선인들에게 일본의 풍속을 칭송하고 일본으로 귀화할 것을 권할 정도로 적극적인 순왜였다. 국경인은 임진왜란 중 함경도에서 반란을 일으키고 조선의 왕자 임해군을 사로잡아 가토 기요마사에게 넘겼다가 의병에게 토벌되었다.

적극적으로 일본에 협력한 인물들 외에도, 전란 중에 일본군의 강압과 회유를 이기지 못하고 소극적으로나마 일본에 협력한 이들도 다수 존재했다. 16세기 후반 조선 조정이 점차 무능을 드러내며 각종 사회 문제에 적극 대처하지 못해 누적된 백성들의 불만이 전쟁 초반 조선군의 연이은 참패를 기점으로 폭발한 셈이다. 임진왜란이 한창이던 1596년에 일어난 이몽학李夢鶴의 난처럼 조선 백성들의 분노는 조정을 향한 반란으로 발산되기도 했지만, 한편으로는 적군인 일본군에 협조하는 형태로 나타났다. 이는 조선의 백성들이 결코 조정에 순응하기만 했던 존재들은 아니었음을 보여준다.

조선인이지만 조정을 향한 불만과 역심, 또는 강압 등 다양한 이유로 일본군에게 가담했던 순왜와는 달리, 항왜는 주로 전쟁이 동원된 것 자체에 불만을 품거나 도요토미 히데요시와 다이묘에 대한 반발로 조선에 귀순한 일본인이었다. 항왜의 대부분이 병영을 이탈하거나 전투 과정에서 항복해 조선에 귀순했다는 사실은 주목할 만하다. 항왜의 존재는 임진왜란이 전쟁에 직접 참여한 자들의 자발적 의지로 시작된 전쟁이 아니었음을 선명하게 보여준다. 임진왜란은 도요토미 히데요시의 야심으로 시작되었지만, 정작 원정에 동원된 무사와 병사들에게는 히데요시가 내건 거창한 대의명분이 그리 중요하지 않았다. 오히려 몇몇 이들은 강요된 출병에 불만을 품은 나머지 조선에 투항하기까지 한 셈이다.

항왜의 대표적인 인물로는 김충선金忠善이 있다. 김충선의 일본식 본명은 정확히 알려져 있지 않지만 조선에 귀순하기 전에는 사야가沙也可로 불렸다. 사야가는 가토 기요마사 휘하의 선봉장으로 조선에 상륙했는데, 일본이 승승장구하던 전쟁 초반에 조선에 귀순해 김충선이라는 이름을 받고 평생을 조선의 장수로 활약했다. 일본의 장수였다가 임진왜란을 통해 조선의 장수로 전향한 김충선의 사례는 도요토미 정권을 향해 일본군이 불만을 표출한 전형적인 경우라고 볼 수 있다.

김충선의 사례가 상당히 이례적이라고는 하나, 전쟁이 지속될수록 조선에 투항하는 일본군의 수는 지속적으로 증가했다. 이는 전쟁 중에 발생할 수 있는 자연스러운 현상이기도 했지만, 전투 결과에 따라 주군을 바꾸는 일이 흔했던 일본의 풍토가 반영된 것이기도 했다. 그 수를 정확하게 알 수 없으나 『조선왕조실록』에 따르면 항왜는 가장 많을 때 수천 명에 육박했다고 한다. 항왜는 조선 측에 일본군 정보를 제공했을 뿐 아니라 검술과 총술에 능해서 전쟁 중에 적극적으로 활용되었는데 김충선 외에도 여여문呂汝文 등의 항왜가 조선의 장수로 활약했다. 나중에는 그 수가 너무 많아져서 조선 조정이 골머리를 앓을 정도였다.

전쟁이 끝난 이후 순왜와 항왜는 어떻게 되었을까? 소극적으로 일본에 협력했던 순왜까지 전부 처벌하는 것은 사실상 불가능했기에 적극적 순왜를 제외한 나머지 순왜들은 조선에서 삶을 이어갔다. 반면에 항왜의 경우에는 본국인 일본으로 돌아갈 수 없었는데, 일본에서는 적에게 투항한 이들을 외면해버렸기 때문이다. 전쟁 이후 항왜에 관한 기록은 조선에 적응하지 못한 항왜가 분란을 일으킨 것에 집중되어 있으나, 조선에서 토지를 얻고 가정을 이루며 살아간 항왜 이야기도 다수 존재한다. 기록의 특성상 평범한 삶을 살았던 이들보다 문제를 일으킨 이들이 압도적으로 많이 등장할 수밖에 없음을 감안하면, 항왜의 대다수는 조선에서의 삶을 수용하고 살아갔을 것이다.

항왜는 대부분 전투병 출신이었기 때문에 조선 조정은 이들을 북방 방어에 활용하기도 했다. 이를 반증하듯 항왜의 존재가 다시 역사에 등장한 것은 1624년 이괄李适의 난 때였다. 인조반정의 공신이자 평안도 일대의 방비를 맡아온 이괄이 반란을 일으켰을 당시 그 중심에는 항왜 부대가 있었다. 항왜 부대는 수십 년의 전투 경험을 바탕으로 이괄군의 선봉을 맡아 위력을 과시했는데, 조선 조정은 이들을 제압하기 위해 동래(부산)의 일본인들을 동원할 생각까지 했을 정도였다.

이후 항왜에 관한 기록은 항왜의 대표 격인 김충선이 병자호란 당시 노구를 이끌고 전투에 나섰다는 것을 마지막으로 보이지 않는다. 아마도 시간이 지나면서 항왜라는 구분이 희미해지고 조선인들 사이에 융화되었을 것이다. 다만, 김충선에 관한 언급은 이후에도 종종 발견된다. 조선 정조 대에 임금이 임진왜란 초반에 항복한 일본군 선봉장의 이름을 물었던 일이나, 철종 대에 암행어사 박규수朴珪壽가 김충선의 공적을 환기하고 불우한 처지에 놓인 그의 자손들을 구제해줄 것을 청했던 기록이 지금까지도 남아 있다.

04

전란의 두 거목이
스러지다

전쟁은 또다시 해를 넘기고 말았다. 임진왜란의 발발로부터 6년이 지난 1598년, 조선과 명나라, 일본 중 누구 하나 이 전쟁에서 쉽사리 발을 빼기 어려워진 지 오래였다. 강화 회담은 파탄이 나버렸고 삼국 모두 이미 막대한 피해를 입었기 때문에 어느 한쪽의 승리로 전쟁이 끝난다 해도 그것이 진정한 승리라고 보기는 어려웠다. 그 과정에서 가장 고통받은 것은 삼국의 백성들이었다. 조선의 백성들은 터전을 잃고 굶주림에 시달리며 나날이 피폐해져갔고, 일본 본토에서 군수물자 마련을 위해 동원된 일본 백성들도 신음하고 있었다. 원병을 파견한 명나라 또한 계속 늘어나는 전쟁 비용과 적자뿐인 손익계산서 앞에 얼굴을 찌

푸릴 수밖에 없었다. 성 안에서 농성하던 일본군도, 견고한 요새 공략에 애를 먹던 조선군도, 남의 나라에서 일어난 전쟁에 군량을 부담해야 했던 명나라의 백성들도 하나같이 전쟁으로 고통을 겪고 있었다.

반면에 이 전쟁을 기획하고 지휘하고 강화 회담의 결렬 이후 조선의 재침까지 주도했던 도요토미 히데요시는 여전히 명나라 정벌의 꿈에 사로잡힌 채 화려한 말년을 보내고 있었다. 전쟁이 재개된 와중에도 도요토미 히데요시가 빼놓지 않고 즐겼던 것은 벚꽃 놀이였다. 그는 늘그막에 얻은 어린 아들 히데요리와 함께 호화로운 연회를 즐기거나 시를 읊으며 하루하루를 보냈다. 벚꽃이 지고 난 뒤에는 아쉬움을 토로하며 가을 단풍을 기약하는 여유까지 부리곤 했다. 울산 왜성에서 농성하며 고전 중이던 가토 기요마사의 고통도, 어떻게든 활로를 찾아보려 이중 삼중으로 외교에 전념하던 고니시 유키나가의 고뇌도 도요토미 히데요시의 헛된 환상을 넘어서지 못했다. 가장 밑바닥에서부터 시작해 권력의 정점에 이른 도요토미 히데요시가 화려한 말년을 보내는 사이 전쟁은 막바지로 치닫고 있었다. 그리고 전쟁의 시작이 그랬듯 전쟁의 끝도 그의 운명과 긴밀하게 맞닿아 있었다.

전쟁이 후반부에 접어들수록 전선은 고착화됐다. 물자

보급도, 전력 수급도 원활하지 않은 상황에서 일본군은 성을 쌓고 그 안에서 필사의 저항을 이어가고 있었다. 조·명 연합군은 일본군을 섬멸하기 위해 울산왜성에서 두 차례에 걸쳐 대대적인 공세를 펼치기도 했지만 수성전에 능숙한 일본군에게 오히려 큰 타격을 입게 된다. 또다시 대규모 작전을 강행하기에는 조·명 연합군 또한 군량 확보의 어려움에 시달리고 있었다.

고착되던 전황은 단 하루 만에 거짓말처럼 변하게 된다. 1598년 8월 18일, 도요토미 히데요시가 예순을 넘긴 나이로 병사한 것이다. 죽기 직전까지 그는 어린 아들을 걱정하며 후계 갈등을 매듭짓고자 애를 썼지만, 끝내 임진왜란에서의 승전도, 자신의 성을 물려받은 후계자의 미래도 보지 못하고 파란만장한 생을 마감했다. 도요토미 히데요시의 죽음은 일본에 혼란을 불러왔다. 도요토미 히데요시가 후계자로 세운 히데요리는 당시 5살 남짓의 어린아이에 불과했다. 도요토미 가문의 통치가 도요토미 히데요시의 강력한 카리스마에 의존했던 것을 감안하면 애초에 히데요리의 후계자 세습은 안정적으로 이뤄지기 어려운 일이었다.

안정적인 권력 계승과 일본군의 무사 귀환을 위해 도요토미 히데요시는 자신의 죽음을 알리지 말 것을 당부했지만,

그가 죽었다는 소식은 이내 사방으로 퍼져 나갔다. 일본 내부는 물론이요, 조선에 주둔 중인 일본군, 심지어 적군의 정황을 살피던 조선 조정에까지 그 소식이 이를 정도였다. 그리고 도요토미 히데요시의 죽음은 기약 없는 항전을 거듭하던 일본군에게 본국으로 돌아갈 길을 열어주었다. 대군을 이끌고 출병했던 다이묘에서부터 주군을 따라 나선 무장들, 생전 처음 겪어보는 추위 속에서 풀뿌리를 씹어가며 버티던 일본 남부 출신의 병사들에 이르기까지, 이들에게 '정명가도' 같은 전쟁의 명분은 더 이상 중요하지 않았다. 기나긴 원정을 끝내고 살아서 고향으로 돌아가는 것, 혼란에 휩싸인 일본에서 출세의 동아줄을 잡는 것, 그리고 전리품을 챙겨가는 것만이 중요했다.

도요토미 히데요시의 죽음과 일본군의 철수는 조선이 오랜 전쟁을 매듭짓고 7년간의 한을 설욕할 절호의 기회였다. 동시에 이는 명나라군에게 고향으로 돌아갈 수 있는 기회이기도 했다. 이러한 내막을 간파한 고니시 유키나가는 일본군들의 무사 귀환을 위해 명나라의 수군 제독 진린陳璘을 뇌물로 구워삶아 퇴로를 확보하고자 했다. 명나라군의 입장에서는 굳이 위험을 무릅쓰면서까지 일본군의 철수를 저지할 이유가 없었다. 애초에 명나라는 자국에 위협이 될 수

264

도 있는 일본군을 몰아내기 위해 원병을 파견했고, 도요토미 히데요시의 죽음으로 일본군이 스스로 철병하면서 명나라는 처음의 목적을 달성한 셈이었다. 명나라군이 조선군과 연합하여 전쟁을 수행했다고는 하나 조선인들처럼 일본군에게 깊은 원한과 분노를 갖고 있지 않았다. 이러한 명나라군의 사정을 이용한 고니시 유키나가의 계략 속에 귀환을 준비하던 일본군은 가장 두려워하던 상황과 마주하게 된다. 바로 이순신과 조선 수군이 가한 마지막 일격, 노량 해전이다.

당시 고니시 유키나가는 순천왜성에서 육상과 해상 양면으로 조·명 연합군에게 고립된 상태였다. 어떻게든 포위망을 뚫고 나가려던 고니시 유키나가의 구원 요청에 시마즈 요시히로島津義弘와 소 요시토시宗義智 등이 500여 척의 대규모 함대를 이끌고 노량(경상도 남해)으로 향하고 있었다. 일본군의 철수를 지켜볼 수 없었던 이순신은 일본군의 퇴로를 차단하지 말자는 진린을 끈질기게 설득하여 협공에 나섰다. 1598년 11월 19일, 이순신과 진린이 이끄는 200여 척의 조·명 연합함대는 노량에서 일본군을 맞아 전투에 돌입했다. 지형적 이점을 활용한 이순신의 전술은 이번에도 적중했고, 조·명 연합함대의 공격으로 일본군의 전함 200여 척이 소실되거나 파손되었으며 100여 척이 조선 수군에게 나

1598년 11월,

이순신이 적의 유탄에 맞고 쓰러지면서

조선의 영웅은 바다 위에서 잠들었다.

자신의 죽음을 알리지 말라는 마지막 명령과 함께.

포되었다.

전투에서 간신히 살아남은 일본군의 전함 몇 척이 노량 인근의 관음포로 도주하자 이순신은 이들을 필사적으로 추격했다. 후퇴하는 적군을 끝까지 공격하며 싸운 것은 이순신 함대에도 처음 있는 일이었다. 이전의 모든 전투에서 그랬듯 이순신의 대장선은 선두에서 선단을 지휘하며 병사들의 사기를 독려하고 있었다. 그리고 그때 이순신이 적의 유탄에 맞고 쓰러지면서 조선의 영웅은 바다 위에서 잠들었다. 자신의 죽음을 알리지 말라는 마지막 명령과 함께.

임진왜란의 신호탄을 쏘아 올린 일본의 영웅 도요토미 히데요시, 그리고 그를 막아섰던 조선의 영웅 이순신. 임진 왜란에 큰 획을 그은 두 명의 거목巨木 모두 마지막 순간에 자신의 죽음이 알려지길 원치 않았다는 점은 이 전쟁에 관해 많은 생각을 떠올리게 한다. 임진왜란은 '정명가도'라는 명분을 앞세운 도요토미 히데요시의 야심으로 그 불씨가 당겨졌으나, 한번 시작된 전쟁은 국적을 불문하고 무수히 많은 목숨을 삼키는 화마火魔로 번져갔다. 그 과정에서 조선과 명나라, 일본은 지난 200여 년간 쌓아온 나라의 기틀과 질서, 역량을 소진해가며 전쟁에 휘말려 들어갔다. 아이러니하게도 전쟁의 거대한 불길은 이 전쟁에 커다란 획을 그은 두 인물의 죽음과 함께 사그라들지만, 정작 두 사람 모두 자신의 죽음이 전쟁의 마지막 장을 장식하기를 원치 않았다.

임진왜란은 그렇게 끝을 맞이했지만 동아시아 삼국에 크나큰 그림자를 드리우며 새로운 시작을 불러왔다. 전쟁의 여파로 기존의 질서와 구조는 뿌리째 흔들렸고, 변화는 시대의 요구로 자리 잡았다. 그리고 그 변화는 임진왜란만큼이나 역동적으로 민초들의 꿈과 눈물, 회한 속에서 다가오고 있었다.

이순신과 진린, 조·명 연합함대의 출범

李舜臣
陳璘

육지에 조·명 연합군이 있었다면, 바다에는 조·명 연합함대가 있었다. 명나라 수군 제독 진린이 원병을 이끌고 조선의 이순신 함대와 합류하면서 비로소 조·명 연합함대가 출범했다. 진린과 이순신, 두 사람의 일화는 이순신이 얼마나 뛰어난 인품과 실력을 지니고 있었으며 능숙한 처세술로 상대방의 마음을 사로잡았는지를 보여준다. 진린과 이순신의 만남을 통해 정유재란 당시 조선 수군과 명나라 수군의 미묘했던 관계를 살펴보자.

진린陳璘은 광동성 출신으로 고향에서 군대에 들어간 이후 인근의 도적떼와 소수민족의 반란을 토벌하며 점차 이름을 날렸다. 명나라 최남단에 위치한 광동성은 일찍이 동남아시아와의 교역을 통해 해상 무역이 발달했던 지역이다. 이곳에서 나고 자라며 군 생활을 이어온 진린은 여러모로 수군과 인연이 깊었는데, 이러한 배경은 향후 명나라가 조선에 원병을 파견할 때 진린을 수군 제독으로 임명하는 데에 중요하게 작용했을 것이다.

진린은 젊은 시절부터 전공을 쌓은 무장이었지만, 병사들에게 강제로 노역을 시키고 돈을 거두는 등 부정행위를 일삼으며 명성에 금이 간 적도 많았다. 군사를 운용하는 재능은 있었으나 비리와 뇌물 문제로 잡음이 끊이지 않았던 탓에 진린은 오랫동안 요직에 나아가지 못한 채 재야에 머물고 있었다.

임진왜란이 발발하자 명나라 조정은 진린이 왜구의 사정에 밝다는 점을 높게 사서 그를 조선으로 파견하고자 하였다. 그러나 머지않아 명나라와 일본이 강화 회담에 돌입하면서 진린은 한반도에 들어오는 대신 중국 해안의 방비를 맡게 되는데, 이때에도 참지 못하고 뇌물을 주고받다 파면되기에 이른다.

그런 진린에게 일생일대의 기회가 찾아왔으니, 바로 정유재란이었다. 궤멸 직전인 조선 수군이 이순신의 지휘 아래 명량에서 기적 같은 승리를 거두었으나 여전히 규모 면에서 열세를 면치 못하고 있었다. 이에 명나라 조정이 수군을 원병으로 파견하게 되는데, 이때 진린은 어왜총병禦倭摠兵으로 승진하여 5000명의 병력을 이끌고 조선의 바다로 향했다.

명나라의 수군을 맞이한 조선 수군의 총책임자는 삼도수군통제사 이순신이었다. 나이는 진린이 이순신보다 2살 많았다. 명나라에서 뇌물 수수와 비리로 악명이 높았던 진린과 강직하고 군율에 엄격했던 이순신의 만남에 류성룡柳成龍을 비롯한 조선의 신료들은 긴장을 금치 못했다. 앞서 명나라의 장수들이 보인 태도도 이러한 긴장에 한몫했는데, 이들은 조선의 왕을 업신여기는 것도 모자라 어떻게든 조선 땅에서 자신의 잇속을 채우기 급급했다. 명나라 병사들의 패악질도 무시하지 못했다. 일각에서는 일본군의 횡포보다 명나라군의 횡포가 극심한 것을 두고 '왜군이 얼레빗이라면 명군은 참빗'이라는 말이 나돌 정도였다. 일본의 침략에 스스로를 방어하지 못하고 명나라에 구원을 요청한 조선이 감내해야 했던 비참한 현실이었다.

오만한 대국의 장수와 대쪽 같은 소국의 장수가 만났을 때 어떤 파국이 일어날지 다들 걱정하고 있었다. 그러나 이순신의 행보는 모두의 예상을 뒤엎었다. 진린이 이순신을 처음 만나는 날, 명나라군의 앞에 생선과 고기, 술이 가득 쌓여 있었던 것이다. 명량에서의 기적 같은 승리에도 불구하고 전략적 후퇴를 감행했을 만큼 이순신 함대는 어려운 상황에 놓여 있었지만 이순신은 진린과 명나라군을 대접하기 위해 모든 물자를 끌어 모았다. 예상치 못한 환대를 받은 진린과 휘하 병사들은 이내 이순신에게 마음을 열었다.

이순신이 진린의 마음을 사기 위해 기울인 노력은 이뿐만이 아니었다. 당시 전투에서 세운 공적을 측정하는 기준은 적군의 머리를 얼마나 베어 왔는가에 있었다. 일본군만 조선인의 귀를 가져가려고 혈안이 된 것이 아니었다. 전쟁 후반기로 갈수록 이편저편을 가리지 않고 적군의 시체를 전리품처럼 취급하는 일이 비일비재했다. 그렇게 적군의 머리가 논공행상의 척도가 되고 이것이 부와 신분 상승의 기회로 이어지던 시대였다. 바다 위에서 전투를 벌이는 수군은 적의 머리를 얻는 것이 육군에 비해 어려웠는데, 이순신은 조선군이 노획한 일본군의 머리를 진린에게 몰아주면서까지 그의 환심을 사고자 노력을 기울였다.

물론 이순신이 진린에게 당근만 준 것은 아니었다. 진린이 이순신에게 품은 호감과는 별개로 명나라군은 주둔지 인근의 조선 백성들을 약탈하고 횡포를 부렸다. 이에 이순신이 명나라군의 횡포가 계속되면 조선군을 철수하겠다는 강수를 두자 그제서야 진린이 조선군과 명나라군을 차별하지 않겠다고 약속하면서 명나라군의 만행도 줄어들었다. 이처럼 이순신은 놀라운 처세술을 발휘하며 진린을 사로잡았고 오만한 진린도 이순신에게만은 경칭을 붙이는 등 존중의 자세를 보였다.

그러나 제 버릇은 못 주는 법인지, 진린은 조선에 온 뒤로도 뇌물을 받아댔다. 고니시 유키나가의 뇌물도 예외는 아니었다. 빠른 머리 회전과 판단력을 지닌 고니시 유키나가는 일본군의 패색이 짙어지자 일본으로의 철수를 계획했고 이를 위해 명나라 수군 제독인 진린에게 접근했다. 진린은 고니시 유키나가에게 몇 차례나 뇌물을 받으며 일본군의 퇴로를 열어주겠다고 약속하게 된다. 사실상 진린의 입장에서는 굳이 제 나라로 돌아간다는 일본군을 끝까지 쫓아가 섬멸할 이유가 없었던 것이다.

이순신은 이러한 진린의 행동을 결코 묵과하지 않았다. 타지에서 전쟁을 벌이던 진린과 달리, 전쟁 중 아들을 잃은 이순신과 수많은 피눈물을 흘려온 조선 수군은 조국을 유린하고 가족과 이웃을 죽인 일본군이 무사 귀환하도록 내버려둘 수 없었다. 진린의 회유에도 불구하고 이순신은 강경하게 출병을 요청했다. 결국 진린은 일본군의 후퇴를 묵인한 몇몇 장수들을 제외하고 명나라군을 출병시키기에 이른다.

그렇게 이순신과 진린이 이끄는 조·명 연합함대는 노량의 바다에서 일본군 함대를 공격했다. 일본군은 조·명 연합함대의 기습에 당황한 나머지 처음엔 혼란에 빠졌으나 이내 전열을 가다듬고 상대적으로 약해 보이는 명나라군을 목표로 응전했다. 그 과정에서 진린의 부관인 등자룡鄧子龍이 전사하고 진린마저 위기에 빠지는 등 아찔한 상황이 펼쳐졌다. 이순신의 도움으로 진린은 무사히 위기에서 빠져나왔으나, 백병전까지 전개될 정도로 전투는 치열해졌고 곧이어 유탄 하나가 이순신의 몸을 스치고 지나갔다. 임진년부터 조선

진린은 고금도로 돌아와

이순신의 장례를 정중하게 치렀다.

명나라 황제는 이순신을 향한

감사의 표시로 다음과 같은 선물을 하사했다.

참도

도독인

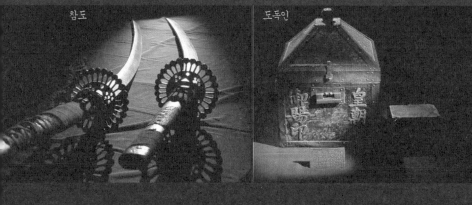

홍소령기, 남소령기

귀도

곡나팔

호두령패

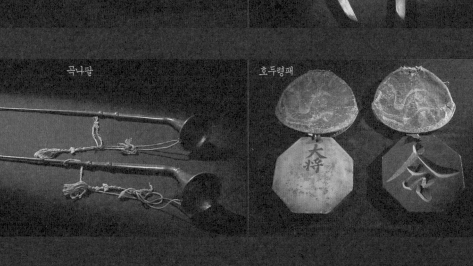

의 바다를 지켜온 명장의 죽음이었다.

이순신의 죽음 앞에 진린은 눈물을 흘리며 통곡했다. 평소 이순신의 인품과 능력을 흠모했던 명나라의 수군들도 비통함에 빠졌다. 진린은 명나라 황제 만력제에게 이순신의 공적을 상세하게 보고했고, 조선을 떠나기 전에는 이순신의 제사를 지내라며 명나라군의 군량미를 남겨두고 명나라로 돌아갔다는 이야기도 전해진다. 명나라로 돌아간 뒤 진린은 소수민족의 반란을 여러 차례 진압하고 높은 벼슬에 오르며 화려한 말년을 보냈다. 사후에는 국장에 준하는 장례가 거행되고 황제의 명으로 고향에 사당이 세워지기도 했다.

여담으로, 정유재란 당시 진린은 조·명 연합함대의 본진이었던 전라도 고금도에 명나라에서 무신武神으로 숭배하는 관우의 사당을 세워 명나라군의 사기를 고취시키고 전쟁의 승리를 기원했다. 전쟁이 끝나고 이순신과 진린 모두 세상을 떠난 1666년, 이 관왕묘關王廟에 이순신과 진린이 나란히 배향되었다. 생전에 전장에서 기묘한 우정을 누린 두 사람이 중국을 대표하는 무신 옆에서 나란히 제사를 받게 된 것이다. 진린이 세운 관왕묘는 1791년 조선 정조의 명에 따라 '구원병을 보내준 은혜에 보답하는 사당'이라는 뜻으로 탄보묘誕報廟라고 명명되었다. 안타깝게도 탄보묘는 일제강점기에 훼손되어 지금은 남아 있지 않다.

능력 못지않게 욕심도 많았던 진린과 적군의 뇌물을 받은 진린을 전투에 나서도록 만든 이순신의 일화는 여러모로 생각할 거리를 남긴다. 그 저변에는 평소의 신념을 꺾으면서까지 명나라 장수의 환심을 얻어야 했던 조선 장수의 비참한 현실이 깔려 있지만, 한편으로는 서로를 의지하며 목숨을 내걸고 싸움에 임하는 전장의 기묘한 우정도 있다. 과연 전쟁이란 어떤 것인지 다시 한 번 생각해볼 일이다.

5부

변화의 물결

1600년

일본 세키가하라 전투에서 동군 도쿠가와 이에야스가
서군 이시다 미쓰나리에게 승리하다.

1603년

일본 도쿠가와 이에야스가 쇼군에 오르다. 에도 막부가 들어서다.

1606년

조선 선조의 정비 인목왕후가 영창대군을 낳다.

1608년

조선 선조가 붕어하다. 광해군이 조선 15대 임금으로 즉위하다.

1609년

조선-일본 기유약조 체결. 조선과 일본이 통교를 재개하다.

1615년

일본 도요토미 히데요리가 자결하다. 도요토미 가문이 멸족되다.

1616년

후금 누르하치가 여진을 통일하고 후금을 건국하다.

1619년

조선 명나라의 원병 요청에 광해군이 1만 3000여 명의 원병을 보내다.
명-후금-조선 사르후 전투(후금군 승, 조·명 연합군 패).

1623년 3월

조선 인조반정이 일어나다. 광해군이 왕위에서 쫓겨나다.

1626년

후금 누르하치가 사망하다. 홍타이지가 후금의 칸에 오르다.

1627년 1월

후금군이 조선을 침략하다(정묘호란).

1636년

청 홍타이지가 국호를 청으로 바꾸고 황제로 즉위하다.

1636년 12월

청나라군이 조선을 침략하다(병자호란).

1644년

명 숭정제가 자결하고 명나라가 멸망하다.

1592년 4월 14일, 일본군의 함대가
부산진 앞에 나타나면서 시작된 전쟁은

1598년 11월 19일, 노량 앞바다에서
조·명 연합함대에게 일본군이 패하며 끝이 났다.

만 6년 7개월, 무려 7여 년에 걸친 전쟁이었다.

동아시아 삼국이 맞붙은 최초의 국제전,
임진왜란.
이 전쟁은 세 나라에 잊을 수 없는 흔적을 남기고
동아시아 질서에 새로운 변화를 불러왔다.

임진왜란으로 가장 큰 피해를 입은 조선.

국토는 황폐해졌고

백성들은 경제적·사회적 시련을 겪어야 했다.

임진왜란 중 왕세자에 책봉된 광해군은
분조分朝를 이끌고
전란으로 피폐해진 민심을 수습하며
후계자로서 확고한 입지를 다져나갔다.

1608년 광해군은 조선 15대 임금으로 즉위하지만
영창대군의 죽음과 인목대비의 유폐,
무리한 토목 공사, 실리 외교 노선 등이 빌미가 되어
반정反正으로 쫓겨나고 만다.

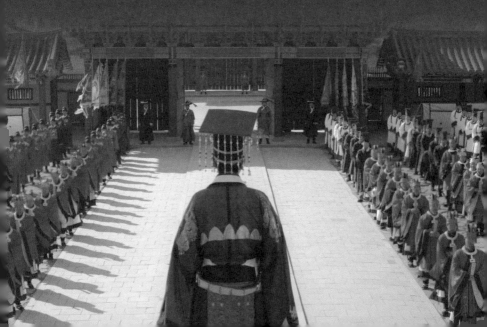

도요토미 히데요시 사후, 일본의 다이묘들은
히데요시의 어린 후계자 히데요리를 둘러싸고
권력을 차지하기 위해 혈안이 되어 있었다.

1600년, 전국의 다이묘들은 세키가하라 전투에서
도쿠가와 이에야스를 주축으로 한 동군東軍과
이시다 미쓰나리를 주축으로 한 서군西軍으로 나뉘어
대규모 전투를 벌였다.

최후의 승자는 동군을 이끌던 도쿠가와 이에야스.
정권을 장악한 그는 에도 막부를 세우고
막부의 우두머리인 쇼군에 오른다.

그렇게 탄생한 에도 막부는
19세기 후반 일본이 서구 열강의 압박에 못 이겨
문호를 개방할 때까지 300여 년의 세월 동안
강고한 영향력을 자랑하며 일본의 근세를 이끌게 된다.

일본이 내건 정명가도征明假道라는
전쟁의 명분에 연루되기는 했지만
엄밀하게는 제3자로서 임진왜란에 참전했던 명나라.
처음에 일본의 침략 징후를 과소평가했던 것과 달리
명나라는 임진왜란으로 국력에 적잖은 타격을 입는다.

연이은 전쟁과 막대한 재정난, 무위에 빠진 황제,
부패한 관료들의 가렴주구…
명나라는 그렇게 급격한 쇠락의 길을 걷게 된다.

북방에서 세력을 규합해온 여진은
그 기회를 놓치지 않았다.
여진은 누르하치의 깃발 아래 부족을 통합한 뒤
후금을 세우고 머지않아 국호를 청으로 바꾸면서
세력 확장을 지속해나갔다.

나라 안팎으로 위기에 처한 명나라는
1644년 결국 멸망하고 만다.
임진왜란이 끝난 지
50년도 채 지나지 않은 시점이었다.

역사의 뒤안길로 사라진 명나라 대신
청나라는 이후 300여 년간
동아시아의 새로운 패자로 군림하게 된다.

OI
전쟁의 상흔과
변화의 물결

임진왜란을 통틀어볼 때 전쟁의 시작과 끝은 한 사람의 이름, 도요토미 히데요시로 귀결된다. 도요토미 히데요시 이전에 오다 노부나가가 명나라 정벌을 공언한 일이 있었지만 그것을 실행으로 옮기지는 못했다. 전쟁이 시작된 그때 일본의 최고 권력자 자리에 도요토미 히데요시가 없었다면 임진왜란은 다른 양상으로 흘러갔거나 아예 일어나지 않았을지도 모른다. 역사의 수레바퀴는 쉬지 않고 굴러가지만, 누군가가 그 방향키를 잡겠다고 나서는 순간 수레바퀴의 움직임이 전쟁의 참상으로 번진다는 것을 우리 모두는 잘 알고 있다. 그런 점에서 임진왜란은 도요토미 히데요시가 마련한 무대였음은 분명하다.

도요토미 히데요시의 죽음과 동시에 전쟁이 종결되었다는 것은 이러한 사실을 분명하게 보여준다. 만약 그가 사망하지 않았다면 어땠을까? 우선, 일본군은 손쉽게 철수를 결정하지 못했을 것이다. 임진왜란 후반에 일본군이 왜성에 고립된 채 기나긴 농성과 굶주림으로 지쳐갔던 걸 떠올리면, 오히려 조·명 연합군의 추가 공세를 견디지 못하고 필사의 패주를 벌였을 가능성도 크다. 그리고 이 전쟁이 일본군의 자진 철수로 흐지부지 끝나는 것이 아니라 조·명 연합군이 일본군을 몰아내는 것으로 귀결되었다면, 동아시아 삼국의 미래는 다르게 바뀌었을지도 모른다. 명나라 황제 만력제와 조선의 임금 선조를 향한 역사의 평가도 예외는 아닐 것이다.

　　그러나 도요토미 히데요시가 임진왜란의 시작과 끝을 장식한 인물이라 해도, 전쟁의 불씨는 이미 오래전부터 동아시아 삼국 사이에서 피어오르고 있었다. 100여 년의 전국시대를 거치며 거침없이 타오른 일본의 야욕, 명나라 중심의 질서에 편승하여 명분과 안정 모두를 잡으려던 조선의 입장, 그리고 동아시아의 패자로 군림해온 명나라의 권위가 오랜 세월 크고 작은 충돌을 일으키다가 끝내 임진왜란이라는 전쟁으로 폭발한 것이다. 그렇게 시작된 전쟁은 동아시아 삼국을 휩쓸었고 거대한 그림자를 드리운 채 7년 만에 끝나고 말았다. 기나긴 전쟁의 끝에서 모두가 안도의 한숨을 내쉰 것도 잠시, 임진왜란이 남긴 그림자는 동아시아 삼국을 또 다른 변화의 소용돌이로 이끌어갔다.

7년에 걸친 전쟁이 조선과 명나라, 일본에게 치명적인 피해를 가져왔음은 누구나 예상할 수 있을 것이다. 원정을 이어가기 위해 막대한 자원을 쏟아부은 일본은 물론이고, 본토에서 수천 리나 떨어진 조선에 대규모 병력과 군량을 수송해야 했던 명나라도 큰 비용을 치러야 했다. 그러나 국토 전역이 전쟁터로 전락했던 조선이 입은 피해에 비하면 새 발의 피에 불과했다.

임진왜란이 남긴 전쟁의 상흔은 조선 사회에 깊게 드리워져 있었다. 전쟁 때문에 무수히 많은 조선의 백성이 목숨을 잃었고 국토는 폐허가 되었다. 무엇보다 나라 살림의 근간이 되는 농업은 처참하게 박살 난 상태였다. 임진왜란 이전과 비교했을 때 경작 가능한 농토는 5분의 1 수준에 불과했고 그마저도 대부분은 전란의 여파로 황폐해졌다. 부족한 것은 농토만이 아니었다. 농사를 지을 수 있는 인력이 대폭 감소한 것인데, 전쟁으로 조선 전체 인구의 약 30퍼센트가 줄어든 것으로 추정된다. 조선은 국가 재정의 상당 부분을 농토에 부과한 세금으로 충당하고 있었기 때문에 농토와 인구의 막대한 손실은 국고 부족으로 이어질 수밖에 없었다.

조선 조정이 마주한 또 다른 문제는 전쟁 중에 일본으로 무참히 끌려간 수많은 조선인 포로였다. 추정치에 기댈 수밖에 없으나, 임진왜란을 통틀어 일본에 끌려간 조선인의 숫자는 최대 10만 명에 달했다. 당시 조선의 전체 인구가 대략 1000만 명 정도였음을 감안하면, 조선인 100명 중 1명꼴로 일본군에게 포로로 붙잡힌 셈이다. 그리고 그중 대다수는 여성과 어린아이였다. 조선 조정이 이 사실을 모를 리는 없었다. 일본에 잡혀갔다가 탈출해 조선으로 돌아온 사람들이 납치된 조선인 포로의 사정을 계속 전하고 있었다. 그러나 조선 조정이 조선인 포로의 존재를 인식했다 해도 전쟁 이후 일본과의 국교가 단절된 상황에서 취할 수 있는 조치는 많지 않았을 것이다.

조선인 포로의 송환을 두고 조선과 일본 사이에 본격적인 교섭이 이뤄진 것은 그로부터 한참이 지나서였다. 도요토미 히데요시의 사후에 이어진 내전을 종식시키고 정권을 장악한 도쿠가와 이에야스는 조선과의 국교 재개에 적극적으로 나섰다. 조선 조정은 처음엔 거절로 일관했지만 쓰시마섬 도주의 중재와 일본의 끈질긴 요청에 조선인 포로 송환 등을 선제 조건으로 내걸고 협상을 시작했다. 그리고 1609년 기유약조己酉約條가 체결되면서 조선과 일본의 국교가 재개되었다. 임진왜란이 끝난 지 11년 만의 일이었다. 그러나 10만여 명에 달한 조선인 포로 중에서 고국 땅을 밟은 사람은 어림잡아 8000여 명에 불과했다.

임진왜란은 동아시아 삼국을 송두리째 바꿔놓았다. 각국의 정치와 경제, 사회, 문화뿐 아니라 세 나라의 외교 관계에도 변화를 불러왔다. 이러한 변화의 물결은 전쟁 직후의 상황에 그치지 않고 각국의 명운과 미래까지 뒤흔들었다.

끔찍했던 전쟁이 끝난 뒤, 조선은 일본을 향해 기존에 갖고 있던 불신을 더욱 키워나갔다. 기유약조를 기점으로 일본과 국교를 재개하긴 했지만, 정유재란의 경험 때문에 조선은 일본이 언제 다시 침략해 올지 모른다는 불안감과 의심을 지울 수 없었다. 반면에 명나라를 향한 조선의 태도는 맹목적인 추종에 가까웠다. 조선은 명나라가 구원의 손길을 내밀어준 덕분에 전쟁에서 살아남았다고 여기고 있었다. 전쟁 중 명나라가 보여준 대국의 위력과 명나라의 은혜에 부응해야 한다는 강박은 임진왜란 이후 조선이 명나라와의 사대 관계에 필사적으로 매달리게 만들었다.

대내적으로도 조선은 큰 변화를 맞이하게 된다. 반정反正

으로 임금이 바뀌고 집권 세력이 통째로 교체되면서 성리학적 질서는 더욱 견고해져갔다. 임진왜란 당시 공적을 쌓았던 인물들 중 일부는 정국을 주도하는 정치 세력으로 성장하기도 했다. 결사 항전 끝에 순절한 이들은 전쟁 영웅이라는 이름으로 기억되며 생존자들의 아픔을 어루만졌다. 오늘날까지도 많은 사람들이 이순신의 이야기에 열광하고, 이순신의 흔적이 닿아 있는 유적과 유물이 고장의 자랑거리로 귀한 대접을 받는 것도 이와 다르지 않을 것이다.

　명나라와 일본도 변화의 물결을 거스를 수 없었다. 명나라는 임진왜란 참전으로 국력에 적잖은 타격을 입은 상황에서 연이은 가뭄과 기근이라는 악재를 맞았다. 여기에 황실의 사치와 환관들의 횡포, 부패한 관료들의 가렴주구까지 더해지면서 명나라는 급격한 쇠락의 길을 걷게 된다. 북방에서 세력을 규합해온 여진은 그 기회를 놓치지 않았다. 여진은 누르하치의 깃발 아래 부족을 통합한 뒤 후금을 세우고 머지않아 국호를 청으로 바꾸면서 세력 확장을 지속하고 있었다. 나라 안팎으로 위기에 처했던 명나라는 때마침 일어난 대규모 농민 봉기로 인해 1644년 멸망하고 말았다. 임진왜란이 끝난 지 50년도 채 지나지 않아 명나라는 역사의 뒤안길로 사라졌고, 청나라가 그 자리를 대신하면서 이후 300여 년

간 동아시아의 패자覇子로 군림하게 된다.

한편, 일본에서는 도요토미 히데요시의 사후 도쿠가와 이에야스가 내전을 일으켜 정적들을 제거하고 정권을 장악했다. 도쿠가와 이에야스를 주축으로 한 에도江戸 막부는 도요토미 히데요시의 흔적들을 빠르게 지워나갔는데, 이는 오다 노부나가에서 도요토미 히데요시로 이어져온 대륙 진출의 꿈이 공상에 불과했음을 뼈저리게 깨달은 결과이기도 했다. 그 사실을 반증하듯 에도 막부의 일본은 나라의 문호를 굳게 닫고 안으로 침잠했다. 일본이 문을 다시 열고 바깥으로 나온 것은 그로부터 240여 년 뒤 서구 열강이라는 또 다른 천하로부터 충격을 받고 나서였다.

동아시아 삼국이 겪은 일련의 변화가 전부 임진왜란에서 직접적으로 유래된 것은 아니더라도, 그 중심에 임진왜란이 자리하고 있음은 부정할 수 없는 사실이다. 그렇게 임진왜란은 전쟁에 참여한 세 나라를 송두리째 흔들고 새로운 시대를 불러일으키며 동아시아 역사의 커다란 전환점으로 자리매김했다.

종전 11년 만의 국교 재개:
기유약조와 조선인 포로 송환

己酉約條
俘虜刷還

임진년(1592)에 벌어진 전쟁은 7년 동안 지속되었다. 중간에 명나라와 일본 사이에 강화 회담이 진행되며 전쟁이 소강상태에 놓인 기간이 있다 해도, 7년간 다른 나라의 군대가 한반도에 들어와 전쟁을 지속한 것은 우리 역사에서 찾아보기 힘든 일이다. 그랬던 만큼 임진왜란은 조선의 백성들과 조정에 막대한 인적·물적 손실을 입혔으며, 전쟁 이후 일본을 향한 조선의 적대감 또한 팽배해 있었다.

　　도요토미 히데요시의 죽음과 거의 동시에 일본군이 대대적으로 철병함으로써 사실상 전쟁은 끝이 났지만 공식적인 전쟁 종결 선언은 곧바로 이뤄지지 않았다. 일본은 전쟁이 끝난 이듬해인 1599년 명나라와 조선에 사절단을 보내어 포로 일부를 송환하고 강화講和를 요구했다. 명나라와 일본은 이전에 강화 회담을 진행한 전력이 있었고, 이번에는 전쟁을 종료하기 위한 종전 협상을 시작했다. 조선 조정은 불만을 표출했으나 이전의 협상 때와 마찬가지로 명나라가 진행하는 교섭을 정면에서 막을 수는 없었다. 무엇보다 조선 또한 포로 쇄환이라는 중대한 과제를 떠안고 있었기에 일본의 강화 요청을 무작정 거부할 수 없었고, 결국 포로 송환을 조건으로 일본과 협상에 나서게 된다.

1600년 세키가하라 전투를 기점으로 도요토미 히데요시 사후 혼란스러웠던 일본의 내정이 정비되며 조선과 일본 사이에 강화 회담이 다시 수면 위로 떠올랐다. 양국이 회담에 속도를 내게 된 배경에는, 전쟁의 1차적 책임이 있던 도요토미 정권이 몰락하고 정권을 잡은 도쿠가와 이에야스가 에도 막부를 세운 것이 큰 역할을 했다. 처음에 조선 조정은 일본 정부와의 강화 회담보다 쓰시마섬과의 교류를 통해 영향력을 확보하고 왜구 창궐을 막는 데에 집중했으나, 도쿠가와 이에야스의 적극적인 협상 의지를 접하고 나서는 보다 적극적으로 강화를 추진하였다. 양국 간 교섭에서 중요한 쟁점 중 하나는 공식적인 문서 교환 과정에 있었다. 도쿠가와 이에야스는 자세를 낮추어 먼저 조선에 국서를 보내는 전향적인 태도를 보였고, 마침내 1607년 조선의 회답겸쇄환사回答兼刷還使가 일본에 도착하며 양국 간 국교 재개의 실마리가 보이기 시작했다. 그리고 1609년 기유약조己酉約條가 체결되면서 조선과 일본 사이에 공식적인 외교와 무역 관계가 회복되었다. 임진왜란 종전으로부터 11년이 지난 뒤의 일이었다.

국교 재개 과정에서 최대 현안은 부로쇄환俘虜刷還, 즉 조선인 포로 송환이었다. 포로 쇄환은 국정의 기반이 되는 인구를 확보한다는 점에서 조선 조정에게 경제적 유인을 제공했지만 무엇보다 정치적으로 시급한 사안이었다. 타국에 끌려간 백성을 돌보지 않는 조정은 존재를 위협받을 수 있었기 때문이다. 조선 조정은 기유약조가 체결되기 전인 1605년에 이미 사명당四溟堂 유정惟政을 일본에 파견해 3000여 명의 조선인 포로를 쇄환해 왔다. 이후 국교 재개 과정에서 일본에 첫 답서를 가져간 조선의 사절단의 이름이 '쇄환사'였다는 점은 사행의 목적을 분명히 보여주는데, 이들은 1400여 명에 달하는 조선인 포로와 함께 조선으로 돌아왔다. 조선은 1617년과 1624년 두 차례나 쇄환사를 더 보냈지만, 쇄환된 조선인 포로의 수는 321명, 146명으로 점차 줄어든다. 조선인 포로들이 일본에 정착한 지 25년이 지난 1624년의 3차 쇄환은 차치하더라도, 1617년의 2차 쇄환 당시에는 사쓰마薩摩 지역에만 3만이 넘는 조선인 포로가 있다는 기록이 있었는데도 실제 송환된 인원수는 그에 한참 미치지 못했다. 이후에도 조선 조정은 여러 차례 조선인 포로의 쇄환을 시도하였으나 결과는 미약했던 것으로 보인다.

막대한 조선인 포로 숫자와 그에 비해 턱없이 부족한 쇄환인

숫자 사이의 괴리는, 근본적으로 이들이 일본에 끌려간 포로였다는 사실에서 비롯되었다. 임진왜란 당시 일본의 다이묘들과 무사들 대부분은 출병의 반대급부로 영지와 포로 같은 경제적 이익을 노리고 있었다. 이들은 일본으로 돌아갈 때마다 무수히 많은 조선인을 포로로 끌고 갔고, 이 포로들이 전쟁에 참여한 다이묘와 무사들의 경제적 기반이 되었음은 당연한 사실이다. 특히 도공陶工을 비롯한 조선인 장인들의 경우, 막부에서 조선으로 송환하라는 조치를 내렸음에도 몇몇 다이묘들은 이들을 숨겨가면서까지 조선 송환을 막았다. 포로로 끌려온 조선인 장인들은 재능이 뛰어나다는 이유로 일본에 속박되는 비극을 겪은 셈이다.

한편, 자발적으로 본국 송환을 거부한 조선인 포로들도 존재했다. 『조선왕조실록』에는 고향을 그리워하여 돌아온 쇄환인들을 향해 손가락질하는 비정한 풍토를 지적하는 기록이 남아 있다. 훗날 병자호란이 끝나고 청나라군에게 끌려갔다가 돌아온 조선인 여성들에게 '환향녀'라고 비난을 일삼던 풍조를 연상케 하는 대목이다. 이처럼 비극을 겪고 돌아온 동포를 향한 싸늘한 시선은 조선인 포로들이 귀국을 주저하게 만드는 또 다른 요인이었다. 일본에는 아직도 조선인 포로들의 땀과 눈물의 흔적들이 곳곳에 남아 있다. 조선인 도공들이 빚어낸 다기에서부터 조선식 이름을 고수하던 이들의 기록, '울산마을蔚山町' 같은 조선식 지명이 그것이다.

임진왜란의 기억이 아직 선명하던 조선 광해군 대 문신 조위한 趙緯韓이 저술한 고전 소설 『최척전崔陟傳』은 조선인 포로의 사정을 처연하고도 아름답게 그려내고 있다. 정유재란으로 최척과 옥영 부부는 뿔뿔이 흩어지는데, 옥영은 일본군에 의해 일본에 포로로 끌려가고 가족을 잃은 슬픔에 최척은 조선을 등지고 명나라로 향했다. 부부는 우여곡절 끝에 안남安南(베트남)에서 재회하여 다시 가정을 이루며 살지만, 누르하치의 침략으로 온 가족이 또다시 흩어지게 되고 천신만고 끝에 다시 모여 가족을 회복한다. 마치 당대 조선인의 소망을 반영한 것처럼 『최척전』은 가족의 눈물겨운 재회로 아름답게 끝나지만, 현실의 조선인 포로들 대부분은 귀국에 대한 체념과 고향을 향한 그리움 속에서 눈을 감을 수밖에 없었을 것이다.

광해군의 폐위와 도학의 나라:
조선의 변화

　　　　　　　　1608년 2월, 병환으로 사경을 헤매던 조선의 임금 선조가 숨을 거두었다. 선조는 전쟁이 발발하자마자 피란길에 오르며 한양도 모자라 조선까지 등지려고 하여 비난을 한 몸에 받은 인물이지만, 한편으로는 7년에 걸친 전쟁으로 온갖 고초를 겪었던 비운의 임금이었다. 선조가 세상을 떠나고 그 뒤를 이은 것은 왕세자였던 광해군이었다. 광해군은 임진왜란 첫해에 왕세자로 책봉되어 분조 分朝를 이끌며 민심을 다스리고 전황을 뒤집는 데에 많은 공을 세웠다. 광해군이 즉위했을 때 그의 나이는 33세였고 왕세자로 살아온 기간만 16년에 달했다. 그는 젊고 노련한 임금이었으며, 임진왜란 당시의 사정에 대해 누구보다 밝았고 전후 수습 과정에서도 그 자질을 인정받았다. 어느 모로 보나 임진왜란의 그늘을 벗어던지고 조선의 부흥을 이끌기에 그는 최적의 임금으로 보였다.

그럼에도 불구하고 광해군은 임금의 자리에 오르기까지 순탄치 않은 과정을 거쳐야 했다. 광해군의 발목을 잡은 커다란 문제는 그가 선조의 서자庶子이자 차남이라는 점이었다. 조선의 왕위 계승의 대원칙은 적통 왕비에게서 태어난 장남이 왕위를 잇는 것이었지만, 적장자가 없을 경우 후궁의 아들 중 장남이 왕위를 이었다. 선조의 파천이 결정되고 만일의 사태를 위해 세자를 급히 정해야 했을 때 선조에게는 적장자가 없었다. 원칙대로라면 선조의 서자 중 장남인 임해군이 왕위를 계승해야 했지만 포악한 성격으로 악명이 높았던 탓에 차남인 광해군이 세자로 책봉되었다. 그러나 1606년에 선조의 정비 인목왕후가 적장자인 영창대군을 낳으면서 상황은 미묘하게 돌아가기 시작했다. 임진왜란 중 많은 공적을 쌓은 세자를 향한 선조의 경계심과 적장자 계승 원칙을 앞세운 영창대군 옹호 세력의 정치적 공세로 광해군은 골머리를 앓을 수밖에 없었다.

우여곡절 끝에 조선의 15대 왕으로 즉위한 광해군에게 가장 먼저 주어진 과제는 오랜 전란으로 피폐해진 나라를 복구하는 것이었다. 앞서 선조가 재위하던 중에도 창덕궁 재건과 수미법收米法 논의, 국방 강화 등 여러 정책이 실시되었으나 실질적인 성과를 거두기에는 시간이 부족했고 남은 과제는 광해군에게 돌아왔다. 광해군은 백성들의 부담을 줄이고 부족한 국가 재정을 보완하기 위해 대동법大同法을 시범적으로 시행하고 양전量田을 실시했다. 양전은 경작 가능한 토지를 측량하는 사업으로 전후 재건 과정에서 필수적이었다. 임진왜란으로 국토의 상당 부분이 소실되거나 황폐해진 뒤라 기존의 토지 장부와 실제 경작 가능한 토지 면적 사이에 큰 괴리가 있었기 때문이다.

광해군은 전란으로 폐허가 된 궁궐도 복구해나갔다. 선조 대에 시작된 창덕궁 공사를 마무리하는 동시에 창경궁을 재건하고 경운궁(지금의 덕수궁)과 경덕궁(지금의 경희궁)을 건립했다. 전후의 궁궐 재건은 불가피한 것이긴 했지만 이를 위해 막대한 물자와 인력이 동원되면서 무리한 토목 공사를 벌인다는 비판은 피할 수 없었다. 궁터를 잡는 과정에서도 구설수가 뒤따랐는데, 정원군의 집터에 세운 경덕궁의 경우가 그랬다. 정원군은 광해군의 이복동생이자 훗날 반정으로 임금이 되는 인조(능양군)의 아버지이다. 야사에 따르면 광해군이 정원군의 집터에 왕의 기운이 서렸다는 말을 듣고 이곳을 빼앗아 궁궐의 터로 삼았다고 한다. 야사의 사실 여부와 무관하게 광해군과 정원군의 관계는 결코 좋을 수가 없었다. 광해군 재위 중에 일어난 역모 사건으로 정원군의 셋째 아들 능창군이 사사되면서 정원군이 화병으로 사망했다는 설이 전해질 정도였다.

화려했던 첫 등장과 달리 광해군은 치세 후반으로 갈수록 실정을 저지르며 반대파들에게 공격의 빌미를 제공했다. 오랜 측근인 이이첨李爾瞻을 필두로 수많은 옥사를 벌여 친형과 이복동생, 조카 등 가까운 왕족을 죽음으로 몰고 간 것이 그중 하나이다. 특히 이복동생인 영창대군을 죽이고 계모인 인목대비를 경운궁에 유폐시킨 일은 훗날 폐모살제廢母殺弟라는 반정의 명분으로 자리 잡았다. 광해군은 임진왜란을 계기로 왕세자의 자질을 인정받고 임금의 자리에 올랐으나, 임진왜란이 남긴 과제를 수행하는 과정에서 실책을 저지르며 반정反正으로 쫓겨났다. 어찌 보면 임진왜란이 광해군을 가장 영예롭게 만든 동시에 가장 비참하게 만든 셈이다.

광해군의 치세에서 가장 돋보이면서도 논란의 중심에 놓인 것은 대외 정책이다. 이른바 중립 외교로 알려진 광해군의 대외 정책과 인조반정 이후 강화된 명나라와의 사대 관계는, 임진왜란이 장기간에 걸쳐 조선에 미친 영향을 보여주는 지표이자 조선의 앞날을 극적으로 바꿔놓은 중요한 분기점이라고 할 수 있다.

광해군의 중립 외교는 임진왜란 이후 조선에서 명나라 및 후금과의 관계 설정이 최대의 외교 현안으로 부상했음을 보여준다. 후금의 전신은 북방 만주 지역에서 활동하던 여진이다. 전통적으로 명나라와 여진을 바라보는 조선의 관점은 극명하게 갈렸다. 조선에게 명나라가 중화中華 문명의 중심이자 마땅히 섬겨야 할 대국이었다면, 여진은 변방의 안정을 유지하기 위해 어르고 달래야 하는 오랑캐 부족이었다. 당연하게도 두 나라에 대한 조선의 대외 정책은 극명하게 갈렸다. 명나라를 향해서는 사대의 예를 표하며 1등 조공국으로서 입지를 굳혀나간 반면, 여진을 상대로는 회유와 복속, 때로는 정벌까지 감행하면서 통제했다. 이러한 조선의 대외 정책은 선조 대에도 별반 다르지 않는데, 임진왜란 이전에 여진의 침입이 잦아지자 선조는 신립 등을 앞세워 대대적인 토벌을 벌이기도 했다.

임진왜란 당시 명나라의 참전으로 전황은 극적인 반전을 맞았고, 명나라는 병력을 추가로 파병하면서 일본군을 밀어붙였다. 이 모든 과정을 지켜봤던 조선은 명나라와의 사대 관계를 더욱 공고히 다져나갔다. 명나라의 은혜로 거의 멸망할 뻔한 조선이 살아났다는 재조지은再造之恩의 논리였다. 물론, 전쟁 중 명나라군의 패악질과 전횡이 극에 달했던 것을 떠올리면 조선에게 명나라는 마냥 고마운 존재만은 아니었다. 그럼에도 불구하고 조선이 전쟁을 치르고 끝내는 과정에서 명나라의 도움이 컸다는 사실은 분명했으며, 그 사실이 변하지 않는 한 명나라를 향한 조선의 사대는 극진해질 수밖에 없었다.

그러나 후금이 강성해지면서 조선과 명나라의 관계에도 위기가 찾아왔다. 건주 지역의 여진족을 통합하고 후금後金을 세운 누르하치는 임진왜란으로 명나라의 국력이 소진된 틈을 타 세력을 확장해나갔고 급기야 명나라를 직접 공격하기에 이른다. 명나라는 병력을 편성해 후금에 대항하는 한편 조선에 원병을 요청했다. 전쟁이 끝난 지 불과 30년도 되지 않은 상황에서 원병 파견은 부담스러운 일이었지만 조선은 명나라의 요청을 거절할 수 없었다. 결국 1619년 광해군은 강홍립姜弘立을 도원수로 삼아 1만 3000명 규모의 원군을 파병했다. 강홍립이 이끄는 조선군은 명나라군과 함께 만주 사르후薩爾滸 지역에서 후금군과 결전을 벌였으나 대부분의 병사를 잃고 패했다(사르후 전투). 이후 강홍립은 4000여 명의 살아남은 병사들과 함께 후금에 항복했다.

광해군의 원군 파견과 강홍립의 항복에 관해서는 이미 많은 학자들이 연구한 바 있다. 항간에는 광해군이 후금과 명나라 사이에서 명분과 실리를 모두 취하기 위해 의도한 결과라는 중립 외교설이 잘 알려져 있지만 이에 대한 반론 또한 존재한다. 중립 외교설에서는 광해군의 뛰어난 외교술과 국제 정세를 정확히 읽는 안목을 높게 평가한다. 즉, 광해군이 명나라와 후금 어느 쪽도 편들지 않는 등거리 외교를 펼치며 조선의 안위와 실리를 추구한 반면, 뒤이어 집권한 인조와 서인 세력은 명나라를 숭상하고 후금을 배척하는 숭명배금崇明排金 정책으로 일관하며 명분만 앞세우다 결국 또 다른 외침外侵을 불러왔다는 것이다.

중립 외교설을 반박하는 쪽에서는 임진왜란 이후 조선이 명나라와의 사대 관계를 줄곧 강화해왔고 광해군 대의 집권 세력 대부분이 전통적인 친명파였다는 점을 들어 광해군이 등거리 외교를 의도하진 않았을 거라고 주장한다. 설령 광해군이 등거리 외교를 펼쳤다 해도 후금의 입장에서는 오랫동안 명나라와 긴밀한 관계를 맺어온 조선을 어떻게든 진압했을 것이기 때문에 정묘호란과 병자호란의 발발은 필연적인 결과였다는 논리이다.

중립 외교에 관한 논란을 차치하더라도, 광해군이 명나

라에 1만 3000명의 원병을 파견했다는 것은 눈여겨볼 지점이다. 광해군이 후금의 국력을 일찌감치 파악하고 후금과의 정면충돌을 피하면서 정보 수집에 노력을 기울였다는 것은 거의 모든 학자들이 인정하는 사실이다. 그렇게 수집된 정보들은 후금이 급부상하고 있음을 말해주었지만 광해군은 명나라에 원병을 파견했다. 이는 광해군의 의지와 별개로 여전히 조선에서 명나라와의 관계 유지가 중대했음을 보여준다. 그 저변에는 임진왜란을 계기로 혈맹의 동지로 거듭난 조선과 명나라의 관계뿐 아니라, 무너진 나라 질서를 바로 세우기 위해 성리학적 명분론에 사로잡혔던 조선 내부의 사정이 있었다.

광해군의 중립 외교가 지속되었을 경우 그것이 조선에 어떤 결과를 불러왔을지는 알 길이 없다. 1623년 인조반정이 일어나면서 광해군은 왕위에서 쫓겨났고 새로 즉위한 인조는 광해군과 완전히 다른 외교 노선을 채택했다. 인조반정 직후 인목대비가 내린 교서敎書에서는 반정의 명분으로 폐모살제廢母殺弟와 무리한 토목 공사, 명나라를 향한 의리를 저버린 것을 들고 있는데, 이는 곧 광해군 치세에 관한 당대의 평가를 압축적으로 보여준다. 물론 『인조실록』과 『광해군일기』는 반정을 주도한 서인의 손으로 기록되었다는 점에서 섬세한 접근이 필요한 것은 분명하다. 그럼에도 불구하고 반정은 성공했고 이후 광해군의 실정과 폐위 이유에 대해 별다른 공론이 벌어지지도 않았던 것을 보면 인목대비의 교서에 적힌 세 가지 반정의 명분은 당대인들에게 설득력을 지녔던 셈이다.

광해군이 폐위된 가장 큰 이유가 인륜과 내치, 외교에 있었던 만큼, 인조와 서인 세력들은 집권한 뒤 인륜과 예법, 성리학 이념, 그리고 명분과 의리를 중시하는 도학道學을 필사적으로 고수했다. 명나라에 대한 의리를 지키는 것도 절대 명제처럼 자리 잡았다. 그렇게 광해군 시대의 외교 노선은 폐기되었고 인조 대에 이르러 명나라와의 사대 관계는 더욱 심화되었다. 후금이 세력을 불리며 새롭게 부상 중이었지만, 조선의 눈에 여전히 명나라는 드넓은 대륙을 호령하는 대국이자 결코 무너지지 않을 중화 문명의 중심이었다.

그러나 모두가 알고 있는 것처럼 조선의 판단은 두 차례의 호란胡亂을 불러왔고 전쟁은 조선의 처절한 패배와 굴욕으로 귀결되었다. 조선의 믿음과 달리 명나라는 임진왜란 중 거듭된 파병과 국가 재정의 고갈, 무력한 황제의 실정으로 인해 이미 쇠락해진 뒤였다. 임진왜란 때 조선에게 구원의 손길을 내밀었던 대국은 이미 그 속이 곪아 있던 것이다.

결국 조선은 무력에 굴복하여 청나라의 존재를 인정할 수밖에 없었지만, 한편으로는 스스로를 중화 문명을 계승한 유일한 나라로 여기는 소중화小中華 사상 속으로 침잠하게 된다.

　이와 같은 역사적 흐름은 조선과 명나라, 후금 사이의 복잡한 역학 관계의 결과였으며 그 과정 또한 짧은 지면에 전부 서술하기 어려울 만큼 복잡하다. 우리가 눈여겨보아야 할 점은 이토록 거대한 동아시아 질서를 변화시킨 흐름의 원류에 임진왜란과 동아시아 삼국이 자리하고 있었다는 사실이다. 임진왜란의 영향력은 전후 조선에 직접적인 변화를 불러온 것뿐 아니라, 수십 년이 지나고 나서도 조선의 정치와 외교, 사회, 문화 전반에 드리워졌으며 중국 대륙의 왕조 교체까지도 이끌어냈다. 그런 점에서 임진왜란은 1598년 노량에서 이순신의 죽음과 함께 끝난 것이 아니었다. 오히려 이후에도 살아 숨 쉬며 조선, 나아가 동아시아 삼국을 변화시키고 새로운 시대를 불러오고 있었다.

임진왜란이 광해군에게 드리운 빛과 그림자

光海君

임진왜란은 동아시아 삼국의 운명 말고도 수많은 사람들의 삶에 극적인 변화를 안겨주었다. 그중에서도 광해군에게는 빛과 그림자를 함께 선사했다. 임진왜란은 임금의 차남이자 서자庶子에 불과했던 광해군이 공적을 쌓아 후계자로 자리매김하게 해준 기회의 장이었다. 동시에, 광해군이 왕위에 올라 전후 재건에 나서는 과정에서는 그에게 고난과 역경을 안겨준 가시밭길이 되었다. 임진왜란 이후 조선의 사정을 보다 제대로 이해하기 위해 광해군의 일생과 그를 둘러싼 여러 논란을 살펴보자.

잘 알려진 것처럼 조선에서 왕위 계승의 제1원칙은 적장자 계승이었다. 적통의 왕비에게서 태어난 장자長子가 왕위를 잇는 것은 조선이 건국될 때부터 내려온 절대 원칙이었으며, 조선뿐 아니라 유교에 바탕을 둔 모든 나라에 적용된 종법宗法 질서의 대원칙이었다. 조선이 개국되어 멸망에 이르기까지 단 한 번도 부정되지 않았을 정도로 적장자 계승 원칙은 조선의 구조와 정체성을 이루는 근간이나 다름없었다.

물론 적장자 계승 원칙이 완벽하게 적용되지 않은 사례도 있었다. 적자 중 셋째였음에도 왕위에 오른 세종이나, 형인 의경세자가 죽고 조카 대신 왕위를 이은 예종, 예종의 적장자 제안대군을 제치고 임금의 조카로 왕이 된 성종이 여기에 해당한다. 그러나 세종을 제외하고 예종과 성종의 왕위 계승에는 합당한 근거가 존재했다.* 중종의 적자이자 이복형제였던 인종과 명종의 경우에는 인종이 죽기 전에 아들이 없었기에 그 이복동생인 명종이 왕위에 오르는 것이 문제가 되지 않았다. 건국 시조인 태조를 제외하면 사실상 명종 대까지는 조선에서 왕비 또는 세자빈이 낳은 적자가 왕위를 물려받았는데, 순서상 약간의 문제가 있다 해도 정통성의 문제는 없었다.

적장자 계승 원칙은 명종이 후사 없이 승하하면서 비로소 깨지게 된다. 그리고 이때 왕위를 이은 사람이 선조이다. 선조는 중종의 서자였던 덕흥군의 차남으로, 조선 역사상 처음으로 임금의 직계

---

* 조선 7대 왕 세조의 적장자였던 의경세자는 젊은 나이에 요절했는데 당시 그 아들(월산군)은 나이가 3살밖에 안 되어 세조는 자신의 적자 중 둘째였던 해양대군(예종)을 세자로 삼았다. 조선 8대 왕 예종이 승하했을 때 예종의 적장자로 제안대군이 있었지만 3살이라는 어린 나이 때문에 왕위 계승에서 배제되었다.

가 아닌 방계 출신으로 즉위한 왕이다. 엄밀하게 보자면 선조는 임금의 서자가 낳은 둘째 아들이었기 때문에 정통성의 약점을 지니고 있었다. 그러나 적장자 계승 원칙은 어디까지나 대원칙이었을 뿐, 이를 적용할 수 없을 때에는 방계에서 어진 인물을 골라 후계자로 삼는 선례가 얼마든지 존재했다. 그래서인지 선조의 즉위와 국정 수행에는 특별한 걸림돌이 없었는데, 임금이 정치적 힘을 발휘할 수 있는 원천은 결국 왕위를 이었다는 사실 자체에 있었기 때문이다.

임금의 서손庶孫, 게다가 첫째도 아닌 선조가 별 탈 없이 왕위를 지킨 것과 달리, 임금의 서자이자 둘째 아들인 광해군은 임금으로 즉위하고 폐위되기까지 정통성 논란에 휩싸여야만 했다. 광해군이 세자로 책봉될 때만 해도 별다른 문제는 없었다. 당시 선조에게는 적자가 없었기 때문에 후궁이 낳은 서자 중에서 후계자를 지목해야 했는데, 첫째인 임해군은 성격이 포악하고 많은 악행을 저질렀던 탓에 둘째인 광해군을 세자로 책봉하자는 데에 모두가 이견이 없었다. 이후 광해군은 임진왜란 중 수많은 공적을 쌓으며 십수 년간 세자로서 확고한 입지를 다져나갔다. 하나 걸리는 문제가 있다면, 광해군 개인의 노력이나 업적과 별개로 외부 요인으로 인한 상황의 변화가 너무나 극적으로 일어났다는 점이었다.

광해군은 뛰어난 능력을 보여주며 조정과 민간의 신망을 한 몸에 받았으나 이는 곧 부왕인 선조의 질투와 시기를 불러왔다. 실제로 선조는 임진왜란 중에 몇 차례나 왕위를 세자에게 물려주겠다는 선위 파동을 벌였는데, 그때마다 광해군은 죄인처럼 선조를 말려야만 했다. 선조와 광해군 사이의 갈등은 명나라의 개입으로 심화되었다. 전황을 주도하려던 명나라 조정은 광해군에게 왕위를 물려주라거나 분조分朝를 다시 이끌게 하라며 선조를 압박해나갔고 이로 인해 광해군을 향한 선조의 경계심은 더욱 깊어져갔다. 물론 명나라의 이러한 행보는 계산된 행위에 불과했는데 이는 훗날 뒤바뀐 그들의 태도만 봐도 알 수 있다. 조선 조정에서 광해군의 세자 책봉을 명나라에 정식으로 보고했을 때 정작 명나라는 광해군이 둘째 아들이라는 점을 들어 책봉 승인을 미루기만 했다. 그 배경에는 만력제의 후계자 자리를 둘러싼 명나라 조정 내 권력 다툼이 있었고, 애꿎은 광해군은 명나라에게 이용만 당한 채 실리와 명분 모두 얻지 못한 처지가 되었다.

선조의 곱지 않은 눈초리와 명나라 조정의 농간에도 불구하고 왕세자로서 입지를 굳혀나간 광해군에게 곤혹스러운 상황이 벌어졌다. 1606년 선조의 비 인목왕후가 영창대군을 낳은 것이다. 적장자인 영창대군의 탄생은 광해군의 입지를 뒤흔들어놓았다. 영창대군이 태어나면서 광해군은 출생 순서상 선조의 장자도, 혈통상 적자도 아닌 애매한 위치에 놓이게 된다. 그렇게 광해군은 자신의 아들보다도 어린, 31살 터울의 이복동생에게 자리를 위협받는 형국이 되어버렸다.

　사실, 영창대군이 선조의 적자였다고 하나 혈통 하나로 14년 동안 세자로 있던 광해군을 몰아낸다는 것은 현실적으로 불가능했다. 세간에는 선조가 영창대군을 총애하여 광해군 대신 왕세자로 세우려 했다고 알려져 있지만, 갓 출생한 어린 왕자를 후계자로 삼는 것은 전례가 없었다. 무엇보다 임진왜란 중 쌓은 공적이 광해군의 뒷배로 남아 있는 한, 영창대군은 광해군에게 골칫거리가 될지언정 실질적인 위협을 가하긴 어려웠다. 그러나 문제는 대북大北과 소북小北으로 나뉘어 대립했던 조선 조정에 있었다. 당시 영의정이었던 유영경柳永慶을 필두로 한 소북 일파는 노골적으로 영창대군을 옹호하며 광해군을 향해 정치적 공세를 이어갔다. 임금의 서손의 차남이자 존재부터 미미했던 선조도 겪지 않은 정통성 논란을 33세의 전쟁 영웅이었던 광해군은 감내해야 했던 것이다.

　유영경 일파의 모략에도 불구하고, 영창대군이 3살도 안 되었을 때 선조가 승하하면서 광해군은 왕위에 즉위했다. 조선 조정은 당파를 초월하여 광해군의 왕위 계승을 당연하게 받아들였고, 광해군의 세자 책봉을 차일피일 미뤘던 명나라 조정 또한 광해군의 즉위는 순순히 승인했다. 영창대군을 옹호하며 광해군을 공격하던 유영경 일파는 수세에 몰려 광해군 즉위 직후 숙청되었다.

　16년 동안 왕세자의 자리를 지켜왔고 임금으로 즉위하여 반대

세력까지 제거함으로써 광해군은 강력한 왕권을 다지게 되었으나 영창대군의 존재로 불거진 정통성 논란은 그에게 콤플렉스로 남아 있었을 것이다. 동서고금을 막론하고 임금의 동생들은 그 존재만으로도 역모 사건에 연루되기 쉬웠고, 영창대군의 경우에는 광해군보다 종법상 우위에 있었기 때문이다.

왕위 계승의 정통성에 관한 고뇌는 광해군의 이후 행보에서도 잘 드러난다. 광해군은 자신이 후궁의 아들이라는 약점을 보완하기 위해 생모를 왕비로 추존했다. 생모의 지위를 정비正妃로 올려 스스로 임금의 적자嫡子가 된 셈이다. 친형인 임해군은 앞서 역모에 연루되어 귀양지에서 의문사한 뒤였기 때문에 왕위 계승의 순서에도 문제가 없어 보였다. 그렇게 광해군은 조정 신료들의 많은 반대를 무릅쓰고 자신의 종법상 위치를 적장자로 올려놓고야 말았다. 그리고 머지않아 모두가 알고 있는 비극이 발생했다. 역모 사건에 휘말린 영창대군이 유배지에서 의문사당하고, 광해군이 법적인 어머니인 인목대비를 폐위시킨 뒤 경운궁에 유폐했던 것이다. 임진왜란으로 쌓아 올린 광해군의 왕권은 적장자 계승 원칙이라는 조선의 종법 질서와 조정의 치열한 당쟁 앞에서 폐모살제廢母殺弟라는 반정의 구실과 함께 무너지고 말았다.

광해군의 눈부신 부상과 처참한 몰락은 여러모로 복잡하면서도 미묘한 측면을 지닌다. 세자 책봉과 즉위, 그리고 반정反正으로 왕위에서 쫓겨나기까지 광해군이 겪어야 했던 수많은 정치적 알력과 명분 싸움은 임진왜란 전후의 조선을 한눈에 보여주는 축약판이나 다름없었다. 그리고 임진왜란은 광해군의 일생뿐 아니라, 정묘호란과 병자호란과 조응하며 조선의 앞길까지도 송두리째 바꿔놓게 된다.

03

도쿠가와 가문의 시대가 열리다:
일본의 변화

임진왜란을 승리와 패배의 관점에서 바라보면 복잡하고 미묘한 지점들이 관찰된다. 전통적인 기준, 즉 전쟁을 일으킨 쪽과 방어전을 치른 쪽 중 누가 목적을 이루었는가를 봤을 때 바다 건너 원정을 감행했던 일본은 전쟁에서 패배한 것이 분명하다. 반면, 조선은 일본으로부터 기습에 가까운 대규모 침공을 당했음에도 결과적으로 일본군을 몰아냈다는 점에서 전쟁에서 승리했다고 볼 수 있다. 그리고 '정명가도'라는 전쟁의 명분에 얽히긴 했지만 제3자로 있다가 조선에 원군을 보내 일본군을 격퇴한 명나라의 입장에서도 임진왜란은 이긴 전쟁이었다.

전쟁의 승패에 관한 전통적인 기준에 따라 조선과 명나

라의 승리이자 일본의 패배로 기록될 법한 이 전쟁은, 전후 손익계산의 측면에서 접근하는 순간 전혀 다른 결과를 보여준다. 일본군을 몰아내기는 했으나 국토 전역이 황폐해지고 엄청난 인명 피해를 입은 조선에게 임진왜란은 사실상 참패한 전쟁이나 다름없었다. 명나라도 별반 다르지 않았는데, 전쟁에 들인 막대한 병력과 물자, 비용은 고스란히 재정난과 국력 쇠퇴로 이어졌다. 무엇보다 일본이 전쟁 이전에나 이후에나 중화 질서 바깥에 있던 나라였다는 점을 감안하면, 명나라가 거둔 승리는 결국 이역만리의 조선에 침입한 일본군을 다시 제자리로 돌려보낸 것에 불과했다.

대규모 원정을 감행하다 패전의 쓴맛을 본 일본에게도 임진왜란은 많은 것을 잃은 전쟁이었다. 다만, 일본의 경우 전쟁 때문에 국토나 백성, 나라의 기틀에 치명타를 입지 않았다는 점이 중요하다. 물론 도요토미 히데요시가 전국을 통일하고 조선에서의 원정을 치르는 과정에서 일본의 다이묘 大名들과 무장 세력, 병사로 동원된 백성들의 피해는 결코 적지 않았다. 그럼에도 불구하고 임진왜란은 일본이 총력을 기울인 전쟁은 아니었고, 별다른 성과 없이 후퇴했지만 궤멸에 가까운 피해까지는 입지 않았다. 도요토미 히데요시의 사후 일본의 최고 권력자가 된 도쿠가와 이에야스가 그랬듯 전쟁에 참여하지 않은 유력 다이묘들도 많았다. 설령 참전했다 해도 그 피해는 각각의 다이묘 앞으로 돌아갈 뿐이었다. 한 마디로 임진왜란의 승전국인 조선과 명나라는 상처뿐인 승리를 거두었으나, 패전국인 일본은 국가 기틀에 큰 타격 없이 무난한 패배를 당한 셈이다.

그나마 일본 측에서 이 전쟁으로 큰 손해를 본 건 도요토미 히데요시와 그 가문 정도였다. 그러나 도요토미 히데요시는 세상을 떠났고, 한때 그의 후계자였던 조카이자 양자 도요토미 히데쓰구豊臣秀次는 임진왜란이 시작되기도 전에 히데요시의 손에 제거되었다. 도요토미 히데요시의 어린 아들이자 후계자로 지목된 도요토미 히데요리豊臣秀賴는 히데요시가 죽을 당시 5살에 불과했다.

히데요시가 어떤 생각으로 조카를 제치고 어린 아들을 후계자로 삼았는지는 알 수 없다. 흥미로운 대목은 그 과정이 광해군과 영창대군을 둘러싼 조선의 왕위 계승 논쟁을 묘하게 연상시킨다는 점이다. 그러나 광해군이 조선의 기틀을 유지해온 유교적 종법 질서 때문에 정통성 논란에 휘말렸음에도 왕위에 올랐던 것과 달리, 히데요리는 권력을 틀어쥔 히데요시의 강력한 의지로 후계자에 지목되었음에도 아버지가 죽자마자 목숨을 위협받게 된다.

일본이 임진왜란으로 심각한 타격까지는 입지 않았다고 해도, 당시 전쟁을 바라보는 일본 내부의 시선은 결코 좋지 않았다. 다이묘 중에는 명나라 정벌이라는 전쟁의 명분에 동의하지 않은 이들이 적지 않았으며, 출병에 동참한 다이묘들도 도요토미 히데요시의 위세에 눌려 마지못해 조선 땅으로 나선 모양새에 가까웠다. 물론 다이묘들을 움직인 건 단순히 강압만이 아니었는데, 이들의 의중에는 영지 확보와 세력 확장의 야욕이 자리하고 있었다. 이는 임진왜란에 참여한 일본의 다이묘들이 수많은 조선인들을 포로로 잡아와 무자비하고 노예처럼 부렸던 점만 봐도 충분히 알 수 있다.

전쟁을 준비하는 과정에서 도요토미 히데요시는 도쿠가와 이에야스 같은 거물 다이묘들은 배제한 채 비교적 다루기 쉬운 자신의 측근들을 핵심 병력으로 삼았고 이들이 전장에서 공을 세울 수 있도록 배려했다. 일본군이 승승장구하던 전쟁 초반만 해도 히데요시의 노림수는 성공을 거두는 것처럼 보였다. 그러나 전쟁이 교착상태에 빠지고 명나라가 참전하면서 일본군은 궁지에 몰렸고 도요토미 히데요시의 계획은 어그러지고 말았다. 노욕에 눈이 먼 도요토미 히데요시는 전쟁을 계속 이어가다 결국 죽음을 맞았다.

전쟁은 히데요시의 죽음과 동시에 종결의 수순을 밟아

갔다. 일본 내 원로들은 종전을 선언하고 조선에 주둔 중인 일본군에게 극비리에 철수 명령을 내렸다. 이후 일본은 전쟁에서 살아 돌아온 다이묘와 전쟁에 나아가지 않고 본토에 남은 다이묘 사이에 벌어진 권력 쟁탈전에 휩싸였다.

전쟁을 주도했던 절대자의 죽음과 함께 전쟁이 실질적으로 끝났다는 점은 임진왜란이 얼마나 허망한 욕망에서 비롯되었는가를 보여준다. 전쟁의 여파는 도요토미 히데요시의 예상을 훨씬 뛰어넘어 동아시아 질서를 재편하기에 이르렀으나, 전쟁 자체의 시작과 끝은 그 파급력에 비해 너무나 손쉽게 이루어지고 말았다.

전쟁의 시작과 끝에 있던 일본에서 임진왜란의 역사가 희미한 기억으로 남아 있다는 점은 아이러니한 사실이다. 그마저도 임진왜란 중 일본군에 관한 일화나 이순신과 김시민같이 일본군을 벌벌 떨게 한 일부 조선인 장수에 초점이 맞춰져 있을 뿐, 전쟁의 원인이나 구체적인 과정은 생각보다 일본 내에 널리 알려져 있지 않다. 아무리 임진왜란이 일본의 입장에서 별다른 소득 없이 패배한 전쟁이자 역사적 치부였다 해도 말이다.

예나 지금이나 임진왜란이 일본에게는 잊고 싶은, 그리고 잊힌 역사일지 몰라도 그 결과까지 그러했던 것은 아니다. 오랜 전란에 시달리던 일본은 오다 노부나가와 도요토미 히데요시의 영향력 아래 움직이다, 도쿠가와 이에야스 대에 이르러 비로소 완전한 통합을 이룰 수 있었다. 그리고 이 연결 고리의 중심에는 임진왜란이 있었다.

한편, 임진왜란으로 엄청난 수혜를 입은 인물이 있었으니 바로 도쿠가와 이에야스德川家康였다. 도쿠가와 이에야스는 임진왜란의 7년사를 통틀어 이름 하나 걸친 곳이 전무했을 정도로 전쟁과 거리를 두었지만 결과적으로 임진왜란을 통해 일본 내 모든 권력을 거머쥐고 최고의 자리에 올랐다. 오다 노부나가, 도요토미 히데요시와 함께 중세 일본을 대표하는 인물인 도쿠가와 이에야스는 기다림의 덕목을 누구보다 잘 알았고 때마침 찾아온 기회를 놓치지 않았다.

도요토미 히데요시가 죽고 도요토미 가문에 남은 것은 어린 후계자인 도요토미 히데요리뿐이었다. 생의 마지막 순간까지 히데요시는 어린 아들을 걱정했지만 그의 바람이 무색하게 히데요리는 곧바로 전란과 마주하게 된다. 도요토미 히데요시가 죽은 지 2년밖에 지나지 않은 1600년, 일본 내 패권을 놓고 전국의 다이묘들이 동군東軍과 서군西軍으로 나뉘어 세키가하라関ヶ原에서 대규모 전투를 벌였다. 세키가하

라 전투에서 동군을 이끌던 도쿠가와 이에야스가 대승을 거
둠으로써 사실상 일본은 그의 손아귀에 들어가게 된다. 도요
토미 가문을 보호한다는 명분 아래 전투에 나섰던 것과 달
리, 도쿠가와 이에야스는 정권을 장악하자마자 도요토미 가
문의 측근들을 숙청하기 시작했고 1615년에는 도요토미 히
데요리를 압박하여 자결하게 만들었다.

　도요토미 가문에서 도쿠가와 가문으로의 권력 이동은,
앞서 오다 노부나가에서 도요토미 히데요시로 이어진 세대
교체와는 근본적으로 다른 측면이 있었다. 도요토미 히데요
시와 도쿠가와 이에야스가 각각 최고 권력자의 자리에 올랐
을 때, 도요토미 히데요시에게는 견제 대상이 있었지만 도쿠
가와 이에야스에게는 그런 상대가 사실상 존재하지 않았다.
권력을 통째로 거머쥔 도쿠가와 이에야스는 막부幕府 체제를
부활시키고 막부의 우두머리인 쇼군 자리에 앉았다. 그렇게
탄생한 에도 막부는, 19세기 후반 일본이 서구 열강의 압박
에 못 이겨 문호를 개방할 때까지 300여 년의 세월 동안 강
고한 영향력을 자랑하며 일본의 근세를 이끌었다.

　도쿠가와 이에야스는 정국을 장악하고 곧바로 조선과의
국교 재개를 위한 교섭에 뛰어들었다. 그리고 조선을 침략한
것은 도요토미 히데요시와 그 가문의 잘못이고 자신은 그와

무관했음을 주장했다. 임진왜란을 탐탁지 않게 여기던 일본의 다이묘들도 이를 반대할 이유가 없었다. 무엇보다 조선과의 국교 정상화를 통해 조선, 나아가 중국 대륙과 무역을 재개하며 막대한 이득을 얻을 수 있다는 점이 다이묘들의 태세 전환에 큰 영향을 미쳤다. 그 과정에서 이미 죽고 영향력을 상실한 도요토미 히데요시에게 전쟁의 모든 책임이 돌아갔던 것은 물론이다. 그렇게 도쿠가와 이에야스는 도요토미 가문과 임진왜란의 그늘을 지우고 도쿠가와 가문의 시대를 열어젖혔다.

일각에서는 도쿠가와 이에야스의 시대가 열릴 수 있었던 가장 큰 이유를 도요토미 히데요시가 자신의 역량에만 의존하며 내정을 소홀히 했던 데에서 찾기도 한다. 그러나 도요토미 히데요시가 명나라 정벌의 야심을 노골적으로 드러내고 임진왜란을 일으켜 내정을 혼란에 빠트리지 않았다면 이후 일본의 역사가 어떻게 전개되었을지는 알 수 없는 일이다.

에도 막부가 들어선 뒤 일본은 무武의 개념을 새롭게 정립해나갔다. 무사 개인의 무력과 용맹함에 의존하던 과거의 방식에서 벗어나 중앙의 엄격한 통제 아래 전쟁을 효과적으로 수행하는 것에 초점을 맞추었다. 더불어 조선으로부터 수입한 주자학朱子學과 일본의 국학國學을 버무려 근세 일본의 독특한 국가, 사상, 문화 체계를 만들어나갔다. 임진왜란이라는 전근대사상 유례가 없던 대규모 원정을 시도했음에도 뚜렷한 성과를 얻지 못한 일본이 이 전쟁을 기점으로 비로소 중앙집권적 통치 체계를 갖추고 국가 내부에 집중하는 계기를 마련했던 것이다.

関ケ原の戦い

일본의 전국시대를 매듭짓고 일본 최고의 권력자가 된 도요토미 히데요시. 그의 출세는 그야말로 입지전적인 것이었지만, 도요토미 가문의 지지 기반은 약할 수밖에 없었다. 도요토미 히데요시 개인의 역량으로 도요토미 가문의 시대가 도래했으나, 그 구심점인 히데요시가 사라지면 도요토미 가문은 언제든 무너질 수 있는 모래성 같은 권력을 지녔던 것이다.

도요토미 가문의 기반을 스스로 깎아먹은 것은 히데요시 본인이었다. 이미 오래전부터 후계자로 내정되어 있었던 조카 도요토미 히데쓰구豊臣秀次를 히데요시의 손으로 직접 숙청한 것이다. 도요토미 히데요시는 히데쓰구를 숙청한 것에 그치지 않고 그 가족들까지도 잔인하게 처형했으며, 이는 일본 내에 충격을 불러일으키며 도요토미 가문의 명망을 땅에 떨어뜨렸다. 도요토미 히데요시의 입장에서는 늦게 태어난 적자嫡子 도요토미 히데요리豊臣秀賴에게 대권을 물려주고자 내린 선택이었을 것이다. 그러나 일본은 조선처럼 종법 질서에 의거해 적장자 계승을 따르던 나라가 아니었다. 심지어 종법 질서를 강조하던 조선에서도 광해군같이 오래도록 후계자로서 입지를 다진 인물은 쉽게 건드리지 못했다. 그러니 일본 내에서 히데쓰구의 숙청으로 인한 충격이 얼마나 컸을지는 어렵지 않게 짐작할 수 있다.

도요토미 가문에 닥친 또 다른 불행은 거물 다이묘이자 야심가였던 도쿠가와 이에야스德川家康가 도요토미 히데요시 사후 강력한 영향력을 행사한 데에 있었다. 도쿠가와 이에야스는 임진왜란 이전에도 막강한 세력을 지닌 실력가였는데, 임진왜란에 참전하지 않아 전력을 온전히 보존할 수 있었고 종전 이후 곧바로 실세로 떠올랐다. 물론 도요토미 히데요시가 사망했다고는 하나 종전 직후에도 여전히 그 그늘은 짙게 남아 있었기 때문에 도쿠가와 이에야스가 처음으로 노골적으로 반기를 들기는 어려웠다. 그 대신에 도쿠가와 이에야스는 당시 어린 후계자였던 도요토미 히데요리와 도요토미 가문을 보호한다는 명분을 내걸고 나섰다. 문제는 임진왜란과 정적 숙청을 거치면서 일본 내 다이묘들 사이에 갈등이 심화되고 있었다는 점이다. 그중 가장 두드러진 갈등은 히데요리의 후견인 자리를 둘러싼 도쿠가와 이에야스와 이시다 미쓰나리石田三成의 대립이었다. 명목상 이들은 도요토미 가문의 후견인으로서 누가 더 적합한가를 두고 치열하게 대립각을 세웠고 이러한 갈등은 결국 무력 충돌로 이어지게 된다.

임진왜란이 끝난 지 2년이 지난 1600년 9월, 도쿠가와 이에야스를 중심으로 결집한 동군東軍과 이시다 미쓰나리가 이끄는 서군西軍이 세키가하라関ヶ原에서 대규모 회전을 벌였다. 양측을 통틀어 17만에 달하는 대병력이 집결한 이 전투는 3시간 만에 동군의 승리로 끝나고 일본 내 권력은 사실상 도쿠가와 이에야스의 손에 넘어가게 된다. 이 전투에는 고니시 유키나가小西行長, 가토 기요마사加藤清正, 와키자카 야스하루脇坂安治, 구로다 나가마사黒田長政 등 임진왜란 중 일본군의 주축을 이룬 다이묘들이 대거 참전했으며 정치적 이해관계에 따라 편을 달리했다. 임진왜란 종전 이후 각각의 다이묘가 이끄는 부대가 통일된 움직임을 보이지 않고 각자도생의 길을 택했다는 것만으로도 일본 내 다이묘들의 분열과 세키가하라 전투는 이미 예고된 결과나 다름없었다.

도요토미 히데요리는 세키가하라 전투 당시 서군에 합류해 도쿠가와 이에야스의 반대편에 서 있었지만, 도쿠가와 이에야스가 히데요리의 후견인을 자처했던 터라 전투가 끝난 뒤에도 명목상의 위치를 유지할 수 있었다. 그러나 도쿠가와 이에야스에 의해 권력의 기반은 대폭 축소될 수밖에 없었다. 게다가 도쿠가와 이에야스가 도요토미 히데요시도 오르지 못한 쇼군將軍 자리에 오르면서 실질적 권력은 도요토미 히데요리의 손을 이미 떠난 상황이었다.

도요토미 히데요리에게 남은 것은 도요토미 히데요시의 적자라는 사실, 그리고 도요토미 가문을 향한 여론의 지지였다. 사실상 일본의 최고 권력자이자 패권을 틀어쥔 도쿠가와 이에야스에게 도요토미 히데요리는 눈엣가시일 수밖에 없었다. 그러나 기다림의 명수답게 도쿠가와 이에야스는 도요토미 히데요리를 지키는 옛 도요토미 가문의 가신들이 역사의 뒤안길로 사라질 때까지 서두르지 않았다. 1614년 장성한 도요토미 히데요리의 곁에 충신들이 얼마 남지 않았을 즈음 도쿠가와 이에야스는 교토의 한 절에 봉안된 종의 글귀를 트집 잡아 히데요리를 향해 공개적으로 비난을 퍼부었다. 자신에게 닥칠 위험을 예감했는지 도요토미 히데요리는 주변의 다이묘들에게 구원을 요청했지만 별다른 호응이 없었다. 결국 그는 낭인들을 고용해 오사카大坂성에서 도쿠가와 이에야스의 군대에 대항하였으나 소용이 없었고 자결로 생을 마감했다. 도요토미 가문의 영광 또한 역사 속으로 사라지고 말았다.

세키가하라 전투는 향후 일본의 향방을 좌우하고 약 300년에 걸친 에도 막부 시대를 열어젖힌 분기점이었다. 전투의 양측 모두 도요토미 히데요리의 보호를 내세웠지만, 정작 이 전투를 기점으로 도요토미 가문의 시대가 끝났다는 점은 의미심장하다. 도요토미 히데요시의 업적과 야망은 일본 전역에 큰 명성을 남겼지만 마지막에 남은 것은 이름뿐, 그 결실은 도쿠가와 이에야스에게 돌아가고 말았다. 그리고 임진왜란은 이에 앞서 도요토미 가문의 운명을 사실상 결정지은 대전이자, 동시에 인고의 세월을 견딘 도쿠가와 이에야스에게 일본 내 패권을 건네준 기회의 장이었다.

04

동아시아의 새로운 패자가 등장하다: 명나라의 변화

조선과 일본이 임진왜란이라는 전쟁의 직접적 당사자였다면, 명나라는 사실상 제3자의 입장에 가까웠다. 일본이 전쟁의 명분으로 정명가도征明假道를 내세우긴 했지만, 일본군이 조선을 넘어 명나라 국경에 다다르지 않는 한 명나라에게 일본의 위협은 멀게 느껴질 수밖에 없었다. 명나라는 왜구 때문에 해금 정책을 강화하고 별도의 전술까지 개발했을 만큼 오랫동안 왜구 문제로 골머리를 앓았음에도, 정작 일본 정규군이 조선을 침략한 것은 심각하게 받아들이지 않았다. 오히려 명나라는 조선이 일본의 침략 정황을 긴급히 보고하자 그 진위를 의심했다. 조선에 1차 원군을 파병할 때에도 전황을 과소평가하며 조승훈이 이끄는 요동 수비대만 보냈고 일본군의 진압을 자신했다.

일본군과 교전하고 나서야 상대의 전력이 예상보다 강력함을 알게 된 명나라는 대규모 원병을 편성하여 조선에 파견했다. 이러한 결단은 당시 명나라 황제였던 만력제의 강력한 의지에서 비롯되었다. 조공국인 조선에 명나라의 위엄을 보이는 동시에, 내부로는 황제의 권위를 드높여 조정 신료들의 기선을 제압하려던 것이다. 물론, 명나라에게 잠재적 위협이 될 수 있는 일본군을 물리침으로써 명나라를 전란에서 보호하려는 의도도 있었다.

명나라는 결과적으로 조선 땅에서 일본군을 몰아내는 데에 성공하면서 전쟁에서 승리를 거두었다. 명나라의 원병 파견은 조선에서 재조지은再造之恩, 즉 망할 뻔한 나라를 구원해준 은혜로 기억되었고 나아가 만력제를 향한 칭송과 추앙으로 이어졌다. 심지어 조선은 명나라가 멸망하고 난 뒤에 만동묘萬東廟라는 사당을 짓고 만력제의 제사를 지내기도 했다. 중국에서는 명나라를 멸망으로 몰아넣은 장본인이자 암군暗君으로 손가락질 받아온 만력제가 조선에서는 은혜로운 대국의 황제로 길이길이 기억된 것이다.

그러나 명나라가 전쟁에서 거둔 승리는 상처뿐인 영광에 가까웠다. 오랜 전쟁은 명나라 조정에 막대한 재정적 부담을 초래했다. 만력제는 40여 년에 걸친 치세 동안 임진왜란 외에도 각지의 반란을 진압하고자 대규모의 병력을 계속 일으켰는데 그로 인한 비용이 국가 재정의 3분의 2를 차지할 정도였다. 거듭된 출병으로 재정난이 심각해지는 와중에도 만력제는 정사를 거의 돌보지 않았고 명나라 조정은 당파 싸움에만 몰두했다. 명나라는 사방에 원군을 보내며 대국의 풍모를 과시했지만 정작 그 속살은 점점 썩어 들어가고 있었다.

만력제의 암울한 치세가 한창이던 16세기 후반, 북방의 만주 지역에서는 세상을 호령할 새로운 강자가 자라나고 있었다. 여진족을 통일하고 후금을 창건하여 청나라 건국의 기틀을 마련한 누르하치努爾哈赤가 바로 그 주인공이다. 명나라는 기미羈縻 정책을 통해 변방의 이민족들을 통제해왔는데, 이민족의 우두머리에게 명나라 관직이나 작위, 성씨를 하사하고 자치권을 보장해주는 대신 이들에게 조공을 받으며 종주권을 인정받는 식이었다. 물론 여진족도 예외는 아니었다. 누르하치는 명나라 조정이 파견한 감독관과 긴밀하게 교류하는 동시에 자신에게 주어진 권한으로 세력을 규합하기 시작했다. 당시 명나라는 곳곳에서 일어난 반란을 진압하느라 만주 지역에 소홀해진 상태였다. 그 틈을 타 누르하치는 주변의 부족들을 무력으로 제압하거나 회유를 통해 복속시키며 뿔뿔이 흩어져 있던 여진을 하나로 통합해나갔다.

임진왜란은 누르하치에게 위기이자 기회로 다가왔다. 여진과 인접한 조선 땅에서 명나라와 조선, 일본 세 나라가 후금의 코앞에서 대규모 병력을 앞세워 충돌하는 것은 누르하치에게도 예상치 못한 위협이었다. 삼국의 대규모 병력이 어떤 돌발 사태를 일으킬지 알 수 없었기 때문이다. 누르하치가 전란을 틈타 세력을 넓혔다고 세간에 알려진 것과 달리, 실제로 그는 임진왜란 시기에 영토 확장을 일시적으로 멈추고 신중한 태도로 일관했다. 누르하치는 대담하게도 조선을 향해 원병을 지원하겠다는 입장을 피력했는데, 정작 조선은 여진을 믿지 못해 이를 거절했다. 이후 누르하치는 만일의 상황에 대비해 임진왜란 내내 전황의 추이를 유심히 지켜보았지만, 일본군이 두만강을 넘어 여진족을 몇 차례 공격한 것을 제외하면 임진왜란으로 여진이 타격을 입을 일은 거의 없었다. 오히려 조선과 명나라, 일본 세 나라가 서로의 싸움에 여념이 없던 그때, 누르하치는 조용히 부족 통합의 기틀을 다질 수 있었다.

1616년 누르하치는 여진을 통일하고 부족명을 만주滿洲로 개칭한 뒤 후금後金을 세웠다. 단순한 부족 연합의 형태에서 벗어나 어엿한 국가로 자리매김하여 과거의 금나라처럼 북방의 패권을 거머쥐겠다는 선언이었다. 누르하치가 후금을 건국하고 명나라와 맞서기로 결심한 데에는 명나라의 교역 중단이 결정적인 역할을 했다. 유목에 뿌리를 둔 여진족은 주변국과의 교역이나 약탈을 통해 생활을 영위해왔는데, 누르하치의 급격한 성장을 경계하던 명나라가 여진족과의 교역을 중단해버린 것이다. 마치 기다렸다는 듯 누르하치는 후금을 건국한 지 3년 만에 명나라와 전투에 돌입했다. 명나라는 이번에도 대규모 병력을 일으켜 후금 정벌에 나섰다. 병력 규모로 보면 명나라군은 후금군을 몇 배나 앞서고 있었지만 거듭된 전투로 피폐해진 나머지 전력상 한계를 드러냈으며 지휘 계통의 혼란 때문에 전열을 제대로 유지하지도 못했다. 결국 명나라군은 압도적인 머릿수에도 불구하고 후금의 숙련된 정예병을 당해내지 못한 채 참패하고 말았다. 이 전투가 바로 1619년 만주 요령성 인근에서 벌어진 사르후薩爾滸 전투이다.

사르후 전투는 후금이 대규모 병력을 앞세운 명나라의 정벌 시도를 꺾으며 만주의 패권을 장악한 상징적인 전투로 알려져 있지만 조선에게도 남다른 의미가 있는 전투였다. 강홍립이 이끄는 1만 3000여 명의 조선군도 이 전투에 참여했다. 명나라는 조선에 원병을 요청했고 임진왜란 당시 도움을 받았던 조선은 명나라의 요청을 거부하기가 어려웠다. 조선의 강홍립 부대는 명나라군과 함께 후금군을 협공하다가 전세가 불리해지자 투항하였다. 그 과정에서 조선군 7000여 명이 죽고 나머지는 포로로 잡혔는데, 당시 조선의 병력 규모를 감안하면 심각한 피해였다.

조선의 원병 파견은 눈에 보이는 인명 피해만 초래한 것이 아니었다. 후금에게 조선을 향한 경각심을 불러일으킴으로써 훗날 있을 정묘호란과 병자호란의 구실을 제공한 격이 되었다. 한편, 광해군은 조선군이 큰 피해를 입은 것으로 명나라에 대한 의리를 어느 정도 지켰다고 믿었다. 더불어 후금의 위력을 실감하고는 명나라와 후금 사이에서 줄타기를 지속했는데 이것은 인조반정의 중대한 빌미가 되었다. 임진왜란의 그림자가 중국에서 불어온 바람을 만나 조선의 앞날에까지 먹구름을 드리운 셈이다.

명나라가 나라 안팎으로 혼돈의 소용돌이에 휩싸여 있을 때, 후금에서는 누르하치의 뒤를 이어 그의 아들 홍타이지皇太極가 칸汗의 자리에 올랐다. 이후 홍타이지는 두 차례에 걸쳐 조선을 침입하는데, 1627년의 정묘호란과 1636년의 병자호란이 그것이다. 그즈음 명나라는 이미 쇠락의 길에 접어들었지만 여전히 후금이 손쉽게 넘보기 어려운 거대한 나라였다. 홍타이지의 최종 목표는 중국 대륙에 진출하는 것이었고 이를 위해 명나라의 충실한 조공국인 조선을 굴복시키고자 했다.

조선이 후금(청)의 침입을 막을 수 있었는가에 대해서는 의견이 분분하다. 한쪽에서는 광해군이 후금의 위협을 인지하고 사전에 충분히 대비했으나 뒤이은 인조반정과 이괄의 난으로 조선이 전력에 타격을 입어 패배했다고 말한다. 그런가 하면 다른 한쪽에서는 홍타이지가 명나라의 대군마저 격파하며 대륙의 패권을 향한 야욕을 키워온 이상 조선 침입은 시간문제였을 뿐 조선의 대응을 논하는 것은 큰 의미가 없다는 반론을 제기한다. 조선의 방비가 가능했는지의 여부와 별개로, 홍타이지가 명나라와의 결전을 앞두고 조선을 단속하려던 것은 분명한 사실로 보인다. 전통적인 강자였던 명나라와 여기에 도전장을 내민 후금(청)이 충돌을 일으키는 과정에서 명나라의 가장 충실한 조공국인 조선이 가장 먼저 전란의 소용돌이에 휘말린 셈이다. 그리고 천하가 뒤집혔을 때 조선은 다시 새로운 조공-책봉 관계, 즉 청나라 중심의 국제질서로 편입하게 된다.

홍타이지는 정묘호란과 병자호란을 통해 조선을 제압하

고 배후를 안정시켰다. 1636년 병자호란 직전에 홍타이지는 국호를 청淸으로 바꾸고 황제로 즉위한 뒤 명나라와의 결전을 시도했으나 대륙 제패의 꿈을 이루지 못하고 1643년 급사했다. 그사이 명나라의 천하는 내부에서부터 무너지고 있었다. 오랜 정치적 혼란과 재정난, 해이해진 기강으로 인해 명나라 조정의 권위와 통치력은 무력해졌다.

명나라의 말로는 아이러니 그 자체였다. 명나라의 정예부대가 청나라군을 막는 데에 힘쓰는 사이, 이자성李自成이 이끄는 대규모 농민군이 수도 북경을 함락시키고 뒤이어 명나라의 황제 숭정제가 자결하면서 1644년 4월 명나라는 멸망했다. 이후 명나라의 무장 오삼계吳三桂가 길을 열어준 덕분에 1645년 청나라군이 북경에 입성하면서 중국 대륙은 새로운 패자霸子를 맞이하게 된다.

명나라의 몰락과 청나라의 발흥은 오래전 요나라(거란), 금나라(여진), 원나라(몽골)로 이어지는 북방 유목민족의 정복사가 반복된 것으로 볼 수 있다. 중국 대륙을 둘러싼 농경민족과 유목민족 간 대립의 역사는 유구한 세월 속에 이어져왔고 청나라는 그 역사의 마지막 방점을 찍은 셈이었다. 그 역사의 수레바퀴가 다시금 돌아가도록 만든 주요 동력 중 하나가 임진왜란이 일으킨 바람이라는 점은 부정하기 어려운

338

사실이다. 그렇게 임진왜란과 명·청 교체기를 거처 맞이한 새로운 시대는 300여 년간 동아시아 질서의 토대를 이루며 새로운 역사를 써 내려갔던 것이다.

참고 문헌

사료

「도요토미 히데요시 주인장朱印狀」

「수조규식水操規式」

『광해군일기光海君日記』

『명태종실록明太宗實錄』

『명신종실록明神宗實錄』

『선조실록宣祖實錄』

『선조수정실록宣祖修正實錄』

『승정원일기承政院日記』

『충무공전서忠武公全書』

『태합소생기太閤素生記』

류성룡, 『징비록懲毖錄』

이순신, 『난중일기亂中日記』

논문 및 단행본

국사편찬위원회, 『신편 한국사 22~36』, 국사편찬위원회, 1993~2002.

김시덕, 『그림이 된 임진왜란: 근세 일본 고문헌의 삽화로 보는 7년 전쟁』, 학고재, 2014.

김시덕, 『동아시아, 대륙과 해양이 맞서다: 임진왜란부터 태평양전쟁까지 동아시아 오백년사』, 메디치미디어, 2015.

단죠 히로시, 『영락제: 화이질서의 완성』, 아이필드, 2017.

레이 황, 『1587 아무 일도 없었던 해』, 가지않은길, 1997.

마에다 쓰토무, 『일본사상으로 본 일본의 본질』, 논형, 2014.

박창기, 『토요토미 히데요시: 임진왜란의 원흉, 일본인의 영웅』, 신아사, 2009.

이재범, 「고려 후기 倭寇의 성격에 대하여」, 《史林》 19, 2003.

이영, 「고려 말 왜구의 '다민족 복합적 해적' 설에 대한 재검토: 후지타 아키요시藤田明良의 '蘭秀山의 난과 동아시아 해역세계'를 중심으로」, 《지역과 역사》 33, 2013.

정두희, 이경순 편저, 『임진왜란 동아시아 삼국전쟁』, 휴머니스트, 2007.

한명기, 『임진왜란과 한중관계』, 역사비평사, 1999.

한일관계사연구논집 편찬위원회, 『임진왜란과 한일관계: 한일관계사연구논집 5』, 경인문화사, 2005.

한일관계사학회, 『1590년 통신사행과 귀국보고 재조명』, 경인문화사, 2013.

한일문화교류기금 동북아역사재단, 『임진왜란과 동아시아세계의 변동』, 경인문화사, 2010.

임진왜란 1592
동아시아 질서를 뒤바꾼 삼국 전쟁의 시작

초판 1쇄 발행 2022년 7월 18일
초판 4쇄 발행 2023년 10월 30일

지은이 KBS 〈임진왜란 1592〉 제작팀
글 양선비

발행인 이재진 **단행본사업본부장** 신동해
편집장 김경림 **디자인** 김덕오
마케팅 최혜진 이은미 **홍보** 반여진 허지호 정지연 송임선
국제업무 김은정 **제작** 정석훈

브랜드 웅진지식하우스
주소 경기도 파주시 회동길 20 ㈜웅진씽크빅
문의전화 031-956-7213(편집) 02-3670-1123(마케팅)
홈페이지 www.wjbooks.co.kr
인스타그램 www.instagram.com/woongjin_readers
페이스북 www.facebook.com/woongjinreaders
블로그 blog.naver.com/wj_booking

발행처 ㈜웅진씽크빅 출판신고 1980년 3월 29일 제 406-2007-000046호

ⓒ KBS, 2022
978-89-01-26281-9(03910)

웅진지식하우스는 ㈜웅진씽크빅 단행본사업본부의 브랜드입니다.
본 도서의 출판권은 ㈜KBS미디어를 통해 KBS와 저작권 계약을 맺은 ㈜웅진씽크빅에 있습니다.
저작권법에 의해 한국 내에서 보호를 받는 저작물이므로 무단전재와 무단복제를 금합니다.
이 책 내용의 전부 또는 일부를 이용하려면 반드시 저작권자와 ㈜웅진씽크빅의 서면동의를 받아야 합니다.

* 잘못 만들어진 책은 구입하신 곳에서 바꿔드립니다.
* 책값은 뒤표지에 있습니다.